알면 더 재밌는 암호의 세계

알면 더 재밌는

암호의 세계

고대에서
현대까지
역사를 뒤흔든
암호의 모든 것

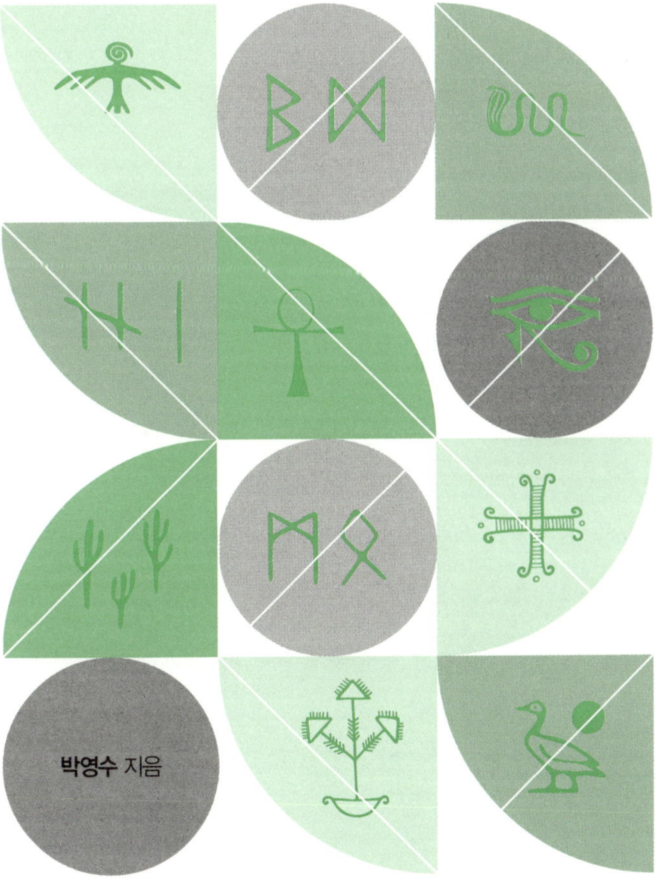

박영수 지음

초봄책방

역사 속 비밀 메시지 찾아 떠나는 추리 여행

고대 사람들은 문자로 기록을 남겼다. 문자 발명은 인류사에서 획기적인 사건이었다. 지식을 전해주는 일이 가능해졌기 때문이다. 그런데 문자는 단지 선사시대(先史時代)와 역사시대(歷史時代)를 구분 짓는 경계선으로서만 기능하지 않았다. 민족에게는 한마음이 될 수 있는 매개체로 작용했고, 개인에게는 언어의 유희를 맛보게 해주었다. 또 문자는 색다른 매력으로 인해 한층 주목받았으니, 그 매력이란 '비밀 기록'이다. 문자를 활용함으로써, 즉 '암호(暗號)'를 사용하여 특정한 일을 기록함으로써 그것이 남에게 노출될지라도 내용을 감출 수 있게 됐다.

암호는 종교 우두머리가 통치자였던 시대에 신비함을 강조하기 위해 알 듯 모를 듯한 어법으로 첫선을 보였다. 한편으로 군사작전의 효율성을 높이기 위한 기법으로 개발되었다. 어떤 민족은 자신들의 영광스러운 일을 후손에게 자랑하기 위해 그들 문자로 난해한 기록을 남기기도 했다. 운이 좋게도 현재까지 역사가 이어진 민족은 이 모든 걸 함께 가졌으나, 멸망한 민족은 그들의 언어를 무덤으로 가져간 꼴이 되고 말았다.

이 책에서 암호를 다루며 고대 문자를 함께 연구한 것은 '읽지 못하는 문자는 곧 암호와도 같다'라는 생각에서였다. 오늘날 상당수 고대 문자가 해독되고, 그에 따라 비밀스러운 일들이 어느 정도나마 명쾌하게 밝혀진 것은 전적으로 뛰어난 고고학자들의 헌신적인 노력에 힘입은 바 크다. 사실 고대 문자는 수수께끼처럼 난해하다. 따라서 고대 문자를 파헤친 과정을 면밀하게 살펴보면 암호 푸는 방법을 일부나마 배울 수 있다.

근대의 시각에서도 암호는 대단히 중요하다. 암호의 노출은 곧 사생활의 노출로 이어지는 까닭이다. 예컨대, 《적과 흑》의 작가 스탕달은 젊어서부터 대머리가 되는 등 용모에 자신이 없었음에도 여성의 관심을 끌고자 많은 연구를 하였고, 실제로 여러 여성을 상대했었다. 그는 일기를 쓸 때 만일에 대비해서 여성들 이름을 V·A·M·C·G 등의 암호로 기록했다.

신분을 확인하는 방법이 '얼굴'에서 '암호'로 바뀌고 있는 현대사회에서 암호는 더더욱 중요하다. 특히 통신이 발달하면서 암호의 중요성은 날로 커지고 있으며, 그에 따라 암호분석이 매우 중요한 일로 떠오르고 있다. 암호 해독 분야에서는 이 암호작업 과정을 통칭하여

'매직(Magic)'이라고 한다. 미국 정부 고위 관리들은 매직 정보를 읽고 회의에서 토론하며 이를 기초로 정책을 결정한다. 예를 하나 들면, 맥아더 장군을 사령관으로 하는 극동 미국 육군사령부의 창설은 1941년 초 도청한 매직 정보에 기인하여 결정됐다. 이 정보는 독일이 일본을 선동하여 아시아의 영국 영토를 공격시키고 나아가 미국을 전쟁에 몰아넣으려는 계획을 시사했었다. 미국은 그에 대비하여 극동사령부를 창설했었다.

암호분석은 결코 쉬운 일이 아니다. 작성자가 정한 원칙이나 기준을 알지 못하면 여간해서 그 내용을 파악하기 힘들기 때문이다. 몇 가지 암호기법을 살펴보자. 가장 손쉬운 방법은 글자 순서를 바꾸는 일이다. 이를 '전자(轉字)'라고 한다. 예컨대, '지금 상사가 화났음'이란 문장의 경우 어순은 그대로 두고 낱말을 뒤바꿔 '금지 가사상 음났화'라고 만들면 된다. 당연히 암호문을 주고받는 당사자들은 문장을 '암호화'하고 '해독'하는 방법에 대해 사전에 약속해야 한다.

'문자교환(文字交換)'도 자주 쓰이는 방식이다. 평문 요소들의 순서는 그대로 둔 채, 그 요소들을 다른 물체나 군(群)으로 바꾼다. 이를테면, "지금 상사가 화났음"을 "시방 백두산이 불을 뿜었음"처럼 바꿔 표현하는 것이다.

'곱암호'는 조금 더 진보된 방식이다. 전자와 문자교환이 직렬식으로 이루어진다. 곱암호 방식에서는 우선 평문 기호를 다양한 기호로 바꾸어 암호문을 만든 다음, 순서를 바꾸어 다시 암호화한다. 이 방법은 분석이 쉽지 않으므로 매우 다양하게 응용되고 있다.

가장 어려운 것은 '외국어 암호'이다. 위의 방법에 다른 나라 말이라는 난이도까지 가미되므로 더욱 어렵다. 외국어 암호의 경우, 암호 분야 번역자는 암호전문가와 비슷한 수준의 지적 노력을 요구받는다. 원문은 음절(音節) 나열뿐이므로 그걸 맞추어 의미 있는 언어를 만들어 내야 하기에 그렇다.

구두점(句讀點)이 전혀 없는 글자도 암호 해독 장애물이다. 그런데도 암호는 풀리고 있고, 다시 어렵게 만들어지는 순환을 거듭하고 있다.

독자 여러분이 이 책을 통해 암호 세계를 전반적으로 파악하고, 암호 해독의 기초 지식을 터득함은 물론 나아가 아직껏 풀리지 않은 인류의 비밀을 파헤치게 된다면 더 이상 바랄 게 없다.

2025. 5.

박영수

차례

PART 5 우리나라 암호문화 … 207

PART 6 암호의 여러 기법과 흐름

PART

1

암호의 유래와 역사

그리스인의 암호

암호 역사는 이집트 나일강 변에 있는 미네 쿠프란 마을에서 처음 시작되었다. 4전여 년 전 한 문필가가 통치자 일생을 적기 위하여 석판에 상형문자를 남긴 게 암호의 시초다. 이때 그 문필가는 문장에 위엄과 권위를 주기 위해 상형문자 속에 암호의 한 방법인 환자(換字: 은유적 단어 대치)를 사용했는데, 결과적으로 내용을 은폐한 것이므로 암호 효시로 여겨진다.

이집트의 상형문자
아멘 신전의 열주(列柱)에
신왕국시대 상형문자가 새겨져 있다.

또 이집트에서는 종교적 주술에 신비성과 마술의 힘을 불어넣기 위하여 환자를 통해 문장의 뜻을 은유로 표현하기도 했다. 인도의 성전(性典) 《카마수트라》에도 환자로 뜻을 맞춘 부분이 있고, 헤로도토스가 쓴 《역사》에도 암호에 관한 내용이 나온다. 페르시아의 그리스 정복 계획을 기록한 이 암호문은 납으로 굳혀진 비익문(秘匿文)이었다. 비익문은 내용을 알기 어렵게 적은 비밀스러운 문장을 말한다. 이를 해독한 사람은 스파르타 명장 레오니다스(?~BC 480년) 아내 고르고였다. 그때 상황에 대해 헤로도토스는 다음과 같이 기록했다.

"그리스 제국 중에서 페르시아 왕이 그리스에 대한 침략 준비를 하고 있다는 소식을 맨 먼저 안 것은 스파르타였다. 그런데 스파르타가 이런 정보를 입수하게 된 경위는 실로 불가사의했다. 페르시아에 망명해 있던 아리스톤의 아들 데마라토스는, 내가 보기에는 스파르타인에 관해 호의를 품고 있지는 않았었다. 그러므로 다음에 서술할 그의 행동이 과연 선의였느냐, 그렇지 않으면 스파르타인을 괴롭히려는 악의였느냐 하는 의문이 생긴다.

여하튼 크세르크세스가 그리스 원정을 결심했을 때 수사에 있었던 데마라토스는 그걸 알고 어떻게든 이 소식을 스파르타에 알려야 한다고 생각했다. 그러나 일이 발각될 염려가 있고 달리 알릴 수단도 없었기 때문에 특별한 계책을 짜냈다. 즉 데마라토스는 이중으로 된 서판을 구해서 밀랍을 벗겨내고 서판의 나무에 국왕의 의도를 기록했다. 그렇게 한 후 문자 위에 다시 밀랍을 칠하여 그 내용을 알아보지 못하도록 했다. 서판이 운반되는 도중 경비병들에게 검색되더라도 곤란한 일이 일어나지 않도록 조치한 것이다.

서판이 무사히 스파르타에 도착했을 때 스파르타인은 처음에는 그 비밀을 풀지 못해 난감해했었다. 내가 듣기로는 클레오메네스의 딸이자 레오니다스의 아내였던 고르고가 서판의 비밀을 알아냈다고 한다. 그녀는 밀랍을 벗겨내면 문자가 새겨진 나무판자를 볼 수 있게 될 거라고 다른 사람들에게 말했다. 스파르타인이 그녀의 말대로 하자 과연 문자가 나타났다. 그리하여 그들은 그걸 읽고 다른 그리스 제국에 이 소식을 통보했다."

위 이야기는 기원전 480년의 일이다. 레오니다스는 암호문을 읽은 뒤, 페르시아 왕 크세르크세스가 이끄는 대군을 테르모필레 협로에서 기다렸다. 페르시아가 그리스를 공격하려면 반드시 그 길을 지나가야 하기 때문이다. 레오니다스는 2일 동안 페르시아 공격을 견뎌낸 다음 군사 대부분을 철수시키고, 친위병 300명과 함께 남아 마지막 한 사람까지 싸우다 죽었다. 그리스 사람들은 이에 큰 감명을 받았으며 '스파르타인들은 절대로 굴복하지 않는다'라는 전설이 여기서 생겼다.

한편, 고르고는 최초로 적국(敵國) 암호문을 해독한 사람이라고도 할 수 있다. 그런데 왜 밀랍 속의 문서를 밝혀낸 게 암호 해독으로 평가받을 수 있을까? 그 이유는 '암호'란 문장의 변경만을 의미하지 않고 '내용을 숨기는 모든 방법'을 포함하는 데 있다.

전자(轉字) 암호의 시조 스키테일 암호

최초의 암호장치는 기원전 400년경 고대 그리스인의 군대 사령관들 사이 비밀통신에 사용됐다. 당시 그리스 도시국가에서는 장군을 다른 지역에 파견할 때 길이와 굵기가 같은 나무봉 두 개를 만들어 하나는 본부에 두고 나머지는 파견인에게 주었다.

'스키테일(Scytale)'이라고 불리는 이 장치는 송곳처럼 끝이 가는 막대기에 통신문을 적은 양피지를 나선형으로 감아 사용하였다. 테이프처럼 가늘고 길쭉한 양피지를 다시 펴면 거기에는 이해할 수 없는 글자가 나타난다. 하지만 이것을 똑같은 모양의 막대기에 둘둘 감으면 원래의 통신문이 다시 나타나는 방식이었다. 다시 말해 세로로 된 한 줄 문장을 읽어서는 그 뜻을 알 수 없으나, 여러 겹으로 겹치지 않도록 가로로 감아 배열된 문장을 통해서 의미가 전달되는 것이다. 이 나무봉을 스키테일이라 불렀기에 '스키테일 암호'라 부른다. 문장의 글자 순서를 바꾸는 전자(轉字) 암호의 시조인 셈이다.

스키테일
원통형으로 감으면 문장이 나타나도록 돼 있다.

스키테일은 기원전 450년경 적국에 침투시킨 첩자의 비밀보고서 작성

도구로 사용되었다. 스파르타가 페르시아와 동맹을 맺고 아테네와 교전을 벌이던 때의 일이다.

중세시대의 암호판
안쪽의 기호판을 돌려 한쪽에 고정시킨 다음 로마자와 기호로 알파벳을 표시한다.

스파르타의 라이산더 장군은 페르시아가 자신을 노리는 듯한 느낌을 받았다. 하지만 증거가 없었다. 만일 잘못된 판단으로 페르시아를 공격한다면 귀중한 동맹국을 잃을 수 있는 까닭에 정확한 정보 없이 섣부르게 행동할 수 없었다. 라이산더 장군은 고심 끝에 페르시아에 첩자를 잠입시켰다. 그 첩자는 상황을 파악한 후 스키테일을 이용하여 보고서를 작성한 다음, 한 노예의 허리띠에 그 문서를 숨겨 장군에게 보냈다.

라이산더 장군은 즉시 문서를 나무봉에 감았다. 그러자 "페르시아는 장군의 절친한 친구를 살해했다. 장군도 노리고 있다"라는 문장이 나타났다. 더 이상 망설일 필요가 없었다. 라이산더 장군은 즉시 페르시아로 쳐들어갔다. 페르시아는 30년 전 테르모필레의 치욕을 갚기 위해 스파르타와 거짓 동맹을 맺었는데, 중요한 정보를 잘못 관리함으로써 또다시 패전의 아픔을 맛보았고, 스파르타는 스키테일이라는 암호 도구로 인하여 값진 승리를 연거푸 얻었다.

그 밖에도 그리스 도시국가에서는 점(點)의 개수로 문자를 암호화하거나 책 또는 다른 문서의 글자 위아래에 점을 찍어서 암호로 만드는 방법을 썼다. 훗날 제2차 세계대전 때 독일 스파이들은 점(點)으로 암호를 나타내는 방법을 다시 재편성하여 곧잘 사용하였다.

14세기 말까지 유럽 여러 나라 정부에 외교 통신문을 보내거나 받을 때는 암호판이라는 간단한 암호장치가 사용되었다. 이 장치는 빙글빙글 도는 동심원 두 개로 이루어져 있는데, 원반마다 26개의 자음·모음이 새겨져 있었다. 원반 하나는 평문의 글자를 선택할 때 사용하고, 다른 하나는 거기에 대응하는 암호를 찾는 데 사용한다.

바티칸 공문서의 암호, 노멘클레이터

봉건시대 이후 유럽에서는 흥미나 재미보다 정치권력을 장악하기 위하여 암호를 이용하기 시작했다. 이때 초보적이지만 현대암호의 두 가지 기본형이 나왔다. 하나는 코드(code)였고, 다른 하나는 사이퍼(cipher)였다. 쉽게 말해 '코드'는 어구(語句) 암호로서 단어를 다른 단어로 대체하여 뜻을 숨기는 방식이다. 문자 암호인 '사이퍼'는 여러 방법으로 글자를 짜 맞춰 문장을 해석하게끔 하는 방식이다.

바티칸의 공문서에는 이 두 가지 방법이 다 쓰였다. 16세기 중엽 로마 가톨릭 대분열에 즈음하여 아비뇽으로 탈주한 클레멘스 7

세는 암호에 능통한 비서를 데리고 와 암호개발에 힘썼다. 유럽에서 다년간 세력을 누렸던 암호표에 의한 암호 방식 '노멘클레이터(nomenclator)'는 그때의 개발 원칙을 표본으로 삼은 것이다.

'노멘클레이터'란 모음뿐만 아니라 자음까지도 자리를 바꾸는 다중환자(多重換字) 방식 암호기법을 일컫는 말이다. 예컨대, 세 단위 숫자를 기본 암호로 설정하면서 그 숫자가 미리 정해진 코드북의 특정 단어를 뜻하기도 하고, 때로는 알파벳 철자를 나타내기도 하는 등 이중적 의미로 사용했다.

그런가 하면 오스트리아 빈의 교황대사는 세 개(혹은 네 개)의 숫자가 조합된 노멘클레이터를 썼는데, 여기서 세 단위(혹은 네 단위) 숫자는 약정된 코드북의 단어를 대치하는 암호였다. 당시 교황대사는 암호 작성과 해독에 필요한 코드북 두 권을 갖고 있었으며, 거기에 숫자를 대입하여 본뜻을 파악했다.

교황청 암호는 대체로 000부터 999까지 세 자릿수로 이루어졌으나 만약의 노출에 대비해 맨 앞에 속임수용 숫자를 추가해 네 단위로 만들거나 세 단위 숫자 중 5나 7을 의미 없이 집어넣어 타인의 해독을 어렵게 만들었다.

이처럼 교황청은 보안에 상당히 신경을 썼지만, 교황의 권력이 약해지면서 근대에 이르러 교황청 암호는 제자리걸음을 했다.

메리 여왕의 참수형 사건과 암호

16세기 후반에 스코틀랜드 여왕 메리가 잉글랜드 여왕 엘리자베스에게 참수형 당한 사건이 있었다. 이때 메리 여왕은 에스파냐에게 무력 원조 요청 암호문서를 비밀리에 띄웠는데, 그것이 엘리자베스 정보원에게 들켜 해독되면서 메리 여왕을 단명하게 한 결정적 원인이 되었다.

17세기에는 암호가 정보기관의 창설을 가져왔다. 당시 프랑스는 외교와 군사 양면에 암호를 활용했고, 이때 암호 해독에 능숙한 앙투안 롯시뇰은 루이 13세(1610~1643년)와 루이 14세(1643~1715년)로부터 연이어 총애받았다. 그는 평민 출신임에도 불구하고 암호 해독 재능 덕분에 귀족 아가씨와 결혼하여 부와 권력을 누렸으며, '국왕의 새로운 애인이 누구인지를 가장 빨리 알아내는 사람은 앙투안 롯시뇰'이라고 소문났을 만큼 루이 14세의 절대적 신임을 받았다.

암호 역사에서 그가 끼친 가장 큰 공적은 다른 나라의 암호 연락 문서 해독이 정책 결정에 중요한 역할을 한다는 점을 프랑스 위정자들에게 명백히 인식시켜 중앙정보국이라 할 수 있는 기구 '캐비닛 노이르(Cabinet Noir=Black Chamber: 검은 집무실)'를 세계 최초로 설립했다는 점이다.

영토 확대 싸움과 왕실 간의 왕위 계승에 관한 음모의 소용돌이 속에 지샜던 18세기에 '블랙 챔버'로 통칭된 비밀정보기관은 크게 활약했었다. 그중에서 오스트리아 비밀기관은 유럽에서 최고로 소문나 있었다. 빈에 있는 외국대사관 수신 우편물은 모두 이 블랙 챔버에 먼저 전해졌었다. 블랙 챔버는 그 우편 봉함을 촛불로 녹여 내용을 훔쳐본 다음 즉각 우편국에 돌려줄 만큼 기민한 처리 솜씨를 자랑했다.

그 무렵 영국도 암호 해독 담당 비밀국가기관을 설치했다. 이 기관은 '영국 암호의 아버지'로 불린 존 월리스에 의해 유지됐고, 1703년 그가 죽은 후부터는 손자 윌리엄이 정부로부터 암호 해독관 정식 직책을 받아 공무원으로 일했다.

전쟁과 암호

현대문명 선진국 미국에서는 1776년 미국 독립선언이 발표되기 직전에 암호가 문제시되었다. 미국의 독립이 아니라 영국의 지배를 지지했던 미국인 의사 벤저민 처치는 영국군 지휘관에게 미국의 무기 준비와 군대 배치 상황 등을 보고하기 위해 암호문으로 문서를 작성했었다. 이것이 그만 첩보 연락책으로 썼던 애인의 손에 의해 누설되었다. 이 암호문은 즉각 미국 총지휘관 조지 워싱턴에게 보고됐고, 이로써 미국은 암호의 중요성을 깨달았다. 충격받은 워싱턴은 학자 3명을 불러 이 암호문을 해독시키고, 영국 첩보원 벤저민 처치를 서인도제도에 유배시켰다. 벤저민 처치는 암호 해독으로 인해 자유를 빼앗긴 최초의 미국인인 셈이다.

1862년 5월 페어오크스 전투
미국 독립전쟁에서 암호 해독 중요성이 대두되었다.

하지만 독립전쟁(1775~1783년) 내내 미국의 암호 기술은 형편없었고, 별다른 진전을 보이지 못했다. 독립전쟁이 끝날 무렵에야 충분한 자료가 모이고 암호 해독이 활발해졌다. 이 무렵 해독은 대부분 제임스 로벨에 의해 이루어졌다. 하버드대학 출신의 열렬한 독립주의자이자 대륙 의회 의원인 그는 암호 해독을 통하여 독립전쟁 최후 결전을 결판내게 함으로써 미국 독립전쟁에 큰 공을 세웠다.

1781년 가을, 최후의 반격을 기도한 영국은 부사령관 콘워리즈와 총사령관 크린톤이 지휘하는 군대의 공동작전을 기획했다. 그런데 그 작전 연락의 기밀 암호 서류가 미국 측으로 흘러 들어가, 로벨에 의해 해독됨으로써 덜미를 잡혔으며, 결국 영국의 콘워리즈는 항복하기에 이르렀다.

그러나 미국은 독립한 후 암호의 공적을 외면했다. '비밀이 자유를 앞설 수 없다'라는 논리 때문이다. 특히 1840년대에 절대주의 정부가 쓰러지고 자유주의 풍조가 확산하자, 미국 정부는 우편물 개봉을 하지 못하게끔 서신 검열을 금지했다.

자유주의 물결은 유럽에도 영향을 미쳐 1844년에는 영국의 암호해독국이, 1848년에는 오스트리아의 비밀정보국과 프랑스의 정보기관 블랙 챔버가 속속 폐쇄되어 암호 전성시대도 막을 내렸다.

선거전과 암호

남북전쟁이 끝난 지 3년 후인 1878년 민주당의 새뮤엘 틸든은 차기(1880년) 대통령 선거를 대비하여 표밭을 은밀히 다지고 있었다. 1874년 대통령 선거에서 공화당의 러더포드 B. 헤이스에게 1표라는 근소한 차이로 패배한 게 너무 억울하여 설욕을 노렸던 거다. 그런데 뜻밖의 사태가 일어났다.

그해 10월 공화당계 신문 〈뉴욕 트리뷴〉이 '노획된 암호전보'란 2단짜리 제목 아래 신문사가 자체적으로 해독한 특집기사를 게재하여 틸든을 난처하게 만든 것이다. 〈뉴욕 트리뷴〉이 폭로한 기사는 틸든의 조카가 틸든에게 친 암호전보이며, 그 내용은 유권자 매수에 대한 중간보고를 포함하고 있었다.

상당한 규모의 유권자 부정 매수 행위가 만천하에 밝혀지자 세상이 조용할 리 없었다. 더군다나 진보적 정당을 표방하는 민주당 색채는 유권자들에게 대단히 큰 배반감을 불러일으켰다. 상황은 절망적으로 되었다. 이 암호 해독문 공표로 틸든은 통한의 눈물을 삼키고 부득이 대통령 선거 출마를 단념했다.

미국 역사상 가장 유명했던 선거전략에 관련된 이 암호 전문은 정치인 진로에 있어 암호가 결정적 역할을 한 최초의 사례로 유명하며, 〈뉴욕 트리뷴〉은 암호 해독을 통해 정치 부패를 파헤쳤다는 점에서 저널리즘 역사에 빛나고 있다.

암호 제조의 원칙

19세기 말엽, 틸든 혼자만 암호를 사용한 게 아니었다. 19세기 말에서 20세기 초는 암호가 가장 발달한 시기였고, 미국과 유럽에서 다시금 암호가 적극적으로 활용됐다.

특히 프랑스는 암호 기술 발전에 남다른 공을 들여서 군사적 비밀은 대개 암호문으로 통신하였다. 이를테면, '유대인 스파이'로 몰려 악마의 섬에 유배되었던 드레퓌스 대위가 무죄로 증명되어 군대에 복귀한 것은 에밀 졸라를 비롯한 시민 운동 힘에 의한 것으로 알려졌지만, 재판에 영향을 미친 강력한 물적 증거는 이탈리아 대사관 주재 무관 파니자르티가 본국에 보낸 암호문이었다.

당시 프랑스 육군정보부는 드레퓌스에게 죄를 뒤집어씌우기 위해 파니자르티에게 본국에 암호 전문을 치도록 음모를 꾸몄다. 정보부 차장은 이 편지를 이탈리아 대사관의 무관에게서 입수하였다며 재판정에 제출하였다. 그 속에는 간첩으로서의 드레퓌스에 관한 내용이 적혀 있어서 드레퓌스가 유죄임을 입증하는 것처럼 보였다. 하지만 이 편지는 위조였고, 훗날 이 편지로 인해 드레퓌스의 무죄가 증명되기에 이르렀다.

이를테면, 군국주의 물결이 암호 발달을 다시금 초래한바, 인쇄기구를 포함한 최초의 완벽한 암호기를 발명한 드 비아리츠, 군사 암호를 완벽하게 만든 발레리오, 두 글자를 숫자로 만들어 고도의 새 암호를 개발한 디라스티에 등이 이 시기에 활약하여 현대암호 기술의 기초를 다졌다.

암호 발달사에서 또 하나의 획기적인 사건은 19세기 중엽 동부 프러시아의 프리드리히 카시카가 《암호문과 해독 기술》이라는 책을 저술하여 이제까지 해독자들이 해결하지 못한 암호를 풀어준 일이다. 이 책은 가장 보편적으로 쓰였던 복식 알파벳 방식의 구체적인 해독 방법을 기록함으로써 이후 모든 암호를 해독 또는 활용하는 지침서가 되었다.

1883년 오귀스트 케르크호프가 지은 《군사 암호술》도 빼놓을 수 없는 저술이다. 그는 이 책을 통해 군사용 암호를 선택하는 획기적인 방법과 근대 암호 해독법 기준을 제시함으로써 암호사의 한 페이지를 장식하였다.

20세기에 들어서 두 차례 세계대전을 거치면서 암호 기술이 급격히 발전하였다. 전쟁 승패가 바로 통신 비밀 유지에 달려있음을 절감하면서 각국이 암호개발에 정진했기 때문이다. 하지만 현대의 암호 기술은 실로 다양한데도 '암호 제조 원칙'은 19세기경과 크게 다르지 않다.

케르크호프는 암호 제조 방법에 대해서 다음과 같은 여섯 가지 조건이 구비돼야 한다고 설명했는데, 그 내용은 현재에도 적용되고 있다.

① 실용적으로 적(敵)에 의해 해독이 불가능해야 한다.

② 조작할 때 연락자 상호 간에 불편하지 않아야 한다.

③ 암호의 열쇠는 기록하지 않더라도 쉽게 기억할 수 있어야 한다.

④ 암호문은 전신(電信)으로 보낼 수 있어야 한다.

⑤ 장치와 문서는 가볍고 간단하여 한 사람이 취급할 수 있어야 한다.

⑥ 긴 규칙 명세나 특수한 두뇌를 필요로 해서는 안 된다.

오늘날의 암호체계는 실로 정교하고 복잡 난해한 것으로 잘 알려져 있다. 이러한 암호체계는 컴퓨터 발전에 힘입은 바 크며, 군사·외교적인 면에서뿐만 아니라 상업·행정적인 면에서도 대단히 중요시되고 있다. 인터넷으로 대변되는 통신시스템은 편리함을 주기는 하지만 해커에 의해 보안시스템이 깨질 적에 그 피해가 실로 엄청나다는 점에서 암호체계 중요성은 날로 커지고 있다. 이런 추세로 보건대 미래 사회는 모든 일이 암호에 의해 움직이는 사회가 될 것이 틀림없다.

암호의 구성원리

은유적 표현

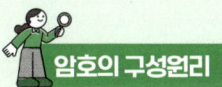

특정 대상과 행위 내용을 은유적으로 표현하는 기법이다. 이 경우 전혀 엉뚱한 문장보다는 자연스러운 문맥으로 정보를 전달하는 게 일반적이다. 설령 누군가가 그런 정보에 접촉하더라도 일상생활로 별일 아닌 것처럼 여기게 만들기 위함이다. '누구를 죽이라'는 명령에 '인사에 성공했다'고 답변한 것이나, '원자폭탄 제조 성공'을 '아기 순산'으로 표현한 것이 그런 예로서 단순한 명령과 처리 결과 보고에 종종 이용된다.

알파벳 한글 환자(換字)

알파벳을 한글 철자로 바꾸면 다음과 같은 배열이 된다.(대문자는 자음, 소문자는 모음 대치)

A=ㄱ B=ㄴ C=ㄷ D=ㄹ E=ㅁ F=ㅂ G=ㅅ H=ㅇ I=ㅈ J=ㅊ K=ㅋ L=ㅌ M=ㅍ N=ㅎ

a=ㅏ b=ㅑ c=ㅓ d=ㅕ e=ㅗ f=ㅛ g=ㅜ h=ㅠ i=ㅡ j=ㅣ

【예문】 대한민국 → CajNaBEjBAgA

컴퓨터 키보드를 통해 환자할 수도 있다. 한글을 영어로 치거나 영어를 한글로 치면 된다.

PART

2

유명인과 암호

카이사르의 암호문

문제

EH FDUHIXO IRU DVVDVVLQDWRU

어느 날 카이사르에게 가족이 보낸 긴급통신문이 전달됐다. 내용은 위와 같았다. 무슨 뜻일까?

① 집에 올 때 두통약을 사서 가지고 오세요.

② 집 주변에 암살자가 숨어 있어요.

③ 빨리 집에 돌아오세요.

④ 암살자를 조심하세요.

키케로와 카이사르

로마제국은 1천 년에 이르는 긴 세월 동안 드넓은 땅을 통치했고, 로마 역사에는 이러저러한 영웅과 위인들이 등장한다. 로마제국은 강력한 군사력으로 유럽 전역을 휩쓸었지만, 한편으로는 근대적 문자 체계인 라틴어로 유럽인의 사상마저 지배하는 문화강대국 면모를 보였다. 이 무렵 수많은 시인이 나타나고 라틴문학이 꽃핀 것은 말과 문장이 일치되는 언어에 힘입은 바 컸다. 로마인들은 검댕, 진액, 술 찌꺼기, 오징어 먹물 등을 섞어서 잉크를 만들었으며, 포개어 접을 수 있는 밀랍판이나 파피루스 두루마리를 가지고 다니면서 떠오르는 생각을 즉각 문장으로 표현하곤 했다.

로마인들은 원로원이나 법정에서 말을 훌륭한 도구로 사용했었다. 키케로(B.C.106~43년)와 율리우스 카이사르(B.C.100~44년)가 가장 뛰어나게 말을 구사한 인물이었다. 특히 키케로는 격조 높은 웅변으로 로마 변론술의 최고로 평가받았고, 60편에 이르는 논설문과 800통 가까운 편지를 남김으로써 오늘날에까지 그 명성을 떨치고 있다.

키케로는 공적인 일을 논할 때 사소한 문제는 대중 의견을 따르는 일도 있었으나 중요한 일에서는 끝까지 신념을 굽히지 않은 것으로도 유명하다.

기원전 44년, 카이사르가 죽은 뒤 일이다. 키케로는 카이사르 후계자 마르쿠스 안토니우스를 상대로 승산이 희박한 싸움을 했다. 그가 이상적인 정치체제라고 확신하고 있던 구(舊) 원로원 귀족 통치에 의한 공화정을 부활시키기 위해서였다. 다음 해인 기원전 43년, 권력을 손에 쥔 안토니우스는 패배한 키케로에게 죽음을 명했다. 63세의 키케로는 일시적으로 난을 피해 시골로 갔으나 친지로부터도 푸대접을 받아 결국 이탈리아 탈출을 결심했다. 그러나 배에 오른 키케로의 심중에 무슨 생각이 오갔는지 다시 해안으로 되돌아갔다. 그리하여 조용히 자객을 기다렸다. 자객의 칼날이 번뜩이고 키케로 머리는 피를 뿌리며 모래 위에 떨어졌다.

같은 시대 산문가로서 키케로의 명성과 맞먹을 만한 사람은 명장 카이사르였다. 두 사람은 정치적으로는 평생 숙적이었으나, 문장 세계에서는 서로 상대를 높이 평가했다. 카이사르는 키케로에게 다음과 같은 찬사를 보낸 바 있다.

"귀하는 가장 위대한 장군보다도 뛰어난 승리를 거뒀다. 지성 세계를 넓히는 일은 제국 영역을 넓히는 일보다 숭고하기 때문이다."

키케로도 카이사르가 갈리아 전투와 로마 내란을 주제로 쓴 군사 보고서를 읽어본 뒤 명쾌하고 힘찬 그 문체를 이렇게 칭찬했다.

"꾸밈없이 솔직하고 우아하게 아름다우며, 일절 꾸밈을 버린 문장이다. 역사의 기술은 이처럼 간결하고 명쾌해야 한다."

카이사르 암살의 배경

탁월한 재능을 발휘해 천하를 통일하고 제왕이나 다름없는 1인 독재 위치에 있었던 카이사르는 사전에 암살을 피할 수 있었으나, 명실상부한 황제 칭호에 대한 집착과 항복해 온 적에 대한 관대한 태도로 인해 불운하게 죽는 운명을 맞이했다. 카이사르는 일방적 추진보다는 타협이나 양보하는 여유를 보여주었지만, 참된 의미의 친구나 상담 대상이 없었다는 점은 안타까운 일이었다.

기원전 44년 초 카이사르가 동방에서 위협을 가해오기 시작한 파르티아에 원정할 준비를 진행하고 있을 무렵, 공화주의자들이 가장 혐오하는 '황제'란 칭호가 그의 마음을 사로잡았다. 2월 15일 다산과 풍년을 기원하는 루페르칼리아 축제가 벌어지자, 카이사르는 그의 욕망에 대한 민중 반응을 시험할 좋은 기회가 왔다고 생각했다. 루페르칼리아 축제 때는 젊은 귀족이나 고급 관리들이 떼 지어 나체로 거리를 돌아다니면서 손에 쥔 가죽 채찍으로 아무나 갈기는 기이한 놀이를 했다. 이때 채찍에 맞으면 임신부는 순산하고 아이를 낳지 못하는 여자는 임신한다는 전설이 있었으므로, 출산에 목마른 여자들은 기꺼이 그 채찍에 맞았다.

드디어 축제가 시작되자 집정관 안토니우스도 나체로 뛰어다니다가 광장에서 축제를 지켜보고 있던 카이사르에게 다가가서 사전에 예정된 대로 월계관으로 만든 왕관을 내밀었다. 그러나 안토니우스 일파가 매수해 놓은 사람들만 박수칠 뿐, 민중의 우레 같은 박수는 일어나지 않았다. 그런데 카이사르가 왕관을 안토니우스에게 돌려주자 그제야 민중은 박수갈채를 보냈다. 왕관은 다시 카이사르한테 갔다가 안토니우스에게로 되돌아가는 등 같은 짓이 반복됐는데, 결과는 내내 마찬가지였다. 카이사르는 결국 왕관을 안토니우스에게 되돌려주고, 실망한 나머지 자리를 떴다. 브루투스 중심의 카이사르 암살 음모는 바로 이 무렵에 진행되었다.

카이사르
황제나 다름없는 강력한 통치자였으나 함정에 빠져 암살되었다.

암살 경고문을 무시하다

브루투스는 군사 원정 기간에도 철학책을 끼고 다닐 정도의 차분한 성격 소유자로서 철저한 공화주의자였다. 그런데 카이사르와 브루투스 두 사람 사이에는 기이한 인연이 있었다. 즉, 브루투스 어머니 세르빌리아는 카이사르의 젊은 시절 애인이었다. 그녀는 이미 결혼한 몸이었으나 두 사람의 비밀연애는 상당히 오래 지속되었다. 그러한 사연을 아는지 모르는지 애인의 아들 브루투스가 카이사르를 암살하려는 음모의 주동자가 된 것이다.

파르티아 원정을 3일 앞둔 3월 15일, 일찍이 폼페이우스가 세운 석조 극장의 부속 건물에서 원로원 회의가 열렸다. 이 회의에서는 이탈리아 외의 다른 속주에서 카이사르 칭호를 황제로 부르게 한다는 제안이 결의에 부쳐지기로 예정되어 있었다. 그날 아침 카이사르 아내는 매우 불길한 꿈을 꾸었다며 카이사르의 출근을 말렸다. 그러한 만류를 뿌리치고 원로원 회의에 도착하기 직전 앞서 언급한 암호 서신이 긴급히 카이사르에게 전달되었으니, 이때라도 카이사르는 암살을 피할 수 있었다.

평소 카이사르는 가족과 비밀통신을 할 때 각 알파벳순으로 세 글자씩 뒤로 물리는 방법의 암호문을 작성했다. A는 D로, C는 F로 바꿔 읽는 방식이었다. 이것은 글자를 일정한 규약에 따라 완전히 새로운 글자나 숫자, 기호로 바꾸는 환자(換字) 방식 암호문이다.

카이사르 암호문

평문	A	B	C	D	E	F	G	H	I	J	K	L	M	N	O	P	Q	R	S	T	U	V	W	X	Y	Z
암호문	D	E	F	G	H	I	J	K	L	M	N	O	P	Q	R	S	T	U	V	W	X	Y	Z	A	B	C
평문의 알파벳을 세 자씩 뒤로 물려 읽는 방식으로 암호문을 작성한다.																										

카이사르가 받은 암호문은 이런 방식에 의해 작성된 문장이었으며, 평문으로 바꿀 때는 알파벳마다 세 글자씩 당겨 읽으면 된다. 이

방식으로 암호문을 풀자, 다음과 같은 문장이 나타났다.

"BE CAREFUL FOR ASSASSINATOR."

즉 "암살자를 조심하라"라는 내용이었다. (문제 정답 ④) 카이사르 자신도 암살 음모를 어느 정도 눈치채고 있었으나, 구체적으로 암살자가 누구인지 알 수 없었다. 결국 암호문을 전달받은 카이사르는 그대로 출석을 강행했고, 원로원에서 전혀 예상하지 못했던 브루투스로부터도 칼을 맞으면서 "브루투스, 너마저…"라는 말을 남겼다.

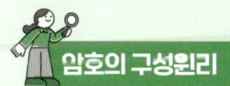

암호의 구성원리

에니그마(enigma)

문장의 글자 순서를 바꾸는 전자(轉字) 기법이다. 예컨대, 알파벳을 순서대로 써놓고 앞으로 혹은 뒤로 몇 칸 옮겨 문장을 작성한다. 몇 칸을 어느 방향으로 이동할지는 암호 전달자와 전수자 간에 미리 약정해서 정한다. 카이사르의 경우 뒤로 세 글자씩 물려 읽는 방식을 택했다.
뒤에 설명하겠지만 두 개의 회전판을 이용하여 철자를 바꾸기도 한다.
한글의 경우에는 자음 · 모음표를 따로 작성해서 몇 칸씩 이동하거나, 자음만 순서를 바꾸고 모음은 그대로 활용하면 된다. 이를테면 자음을 2칸씩 이동하면 다음과 같다.

평문	ㄱ	ㄴ	ㄷ	ㄹ	ㅁ	ㅂ	ㅅ	ㅇ	ㅈ	ㅊ	ㅋ	ㅌ	ㅍ	ㅎ
암호문	ㄷ	ㄹ	ㅁ	ㅂ	ㅅ	ㅇ	ㅈ	ㅊ	ㅋ	ㅌ	ㅍ	ㅎ	ㄱ	ㄴ

【예문】 넌 너무 사랑스러워. → 럴 러수 자방즈버춰.

낮의 눈동자,
마타 하리

문제

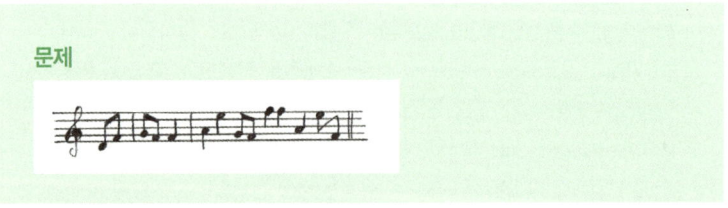

제1차 세계대전이 한창이던 1917년 봄, 스페인 마드리드 주재 독일 해군 무관이 독일 첩보원 H21에 대한 자금과 지시를 요구하고자 여러 차례 베를린에 연락했다. 그때 사용된 암호를 영국정보국이 해독했다. 영국은 이 정보를 프랑스에 넘겼고, 프랑스 경찰은 즉각 첩보원 H21을 체포했다. H21은 간첩행위를 완강히 부인했으나 소지품에서 위와 같은 악보가 나옴으로써 간첩임이 입증되었다. 악보가 무엇이기에 그랬을까?

① H21이 유명한 음악가인 자신의 신분을 이용한 암호였다.

② 음표에 알파벳을 대응시킨 암호였다.

③ 높은 곡조(曲調)는 폭격을 의미하는 암호였다.

④ 음악가를 이용하여 정보를 전달하라는 암호였다.

마타 하리의 일생

첩보원 H21이란 다름 아닌 유명한 여자 스파이 마타 하리(1876~1917년)였다. 그러나 그녀의 실제 삶을 들여다보면 그녀는 뛰어난 비밀 간첩이라기보다 혼란스러운 상황의 희생물에 불과했다.

그녀는 1876년 네덜란드 레바르덴의 부유한 상인 집안에서 태어났다. 본명은 마르가레타 게르트로이다 젤레였다. 19세에 네덜란드 장교와 결혼해 얼마 동안 인도네시아 자바섬과 수마트라에서 살았고, 1905년 남편과 이혼한 뒤, 돈 한 푼 없이 유럽으로 돌아왔다. 그녀는 먹고살기 위해 프랑스 파리의 한 술집에서 스트립댄서로 나섰다. 처음에는 레이디 매클라우드란 이름의 직업 무희로 활동했으며, 곧 '마타 하리'로 이름을 바꿨다.

'마타 하리'는 인도네시아어로 '낮의 눈동자', 직역하면 '한낮의 태양'을 뜻했는데, 이국적 분위기로 사람들의 관심을 끌겠다는 심산에서 그렇게 작명했다. 그녀는 이름뿐 아니라 춤으로도 색다른 분위기를 연출했다. 힌두교 의식에서 사용된 춤을 모방해 독특한 안무를 구성했다. 예상대로 그녀의 춤은 인기를 끌었다. 그러나 엄밀히 말하면 마타 하리는 춤을 잘 추어서라기보다 무대에서 거의 나체로 춤을 추는 것 때문에 유명해지기 시작했다. 즉, 반나체로 인도네시아식 관능적 춤을 춰서 호기심을 끌었다. 거기다가 이국적인 예명은 마타 하리의 명성을 유럽인 머리에 쉽게 각인시켰다.

자연스레 많은 애인이 생겼고, 전시 상황이라 대부분은 장교였다. 그녀는 다양한 국적의 여러 고위급 장성 및 정치계 인사들과 사귀었는데, 그중에는 독일의 빌헬름 황태자도 끼어 있었고, 프랑스군 고위 장교도 여러 명 있었다.

스파이 마타 하리와 악보 암호

1914년 제1차 세계대전이 일어나자, 그녀는 국제적으로 폭넓은 교제로 인해 스파이 후보를 찾고 있던 정보국 우두머리들의 최적 목표가 됐다. 최초로 접근한 나라는 독일이었다. 1914년 마타 하리는 암스테르담 독일 영사로부터 스파이 활동을 권유받았고, '첩보원 H21'이란 이름으로 활동하기 시작했다.

두 해 뒤인 1916년 여름, 마타 하리는 전투 중 부상해 프랑스 비텔에 입원한 20살 연하 연인 인 러시아 제1특수 제국연대 소속 청년 장교 블라디미르드 마슬로프를 만나려고 했다. 입국비자를 받는 과정에서 프랑스에 포섭돼 이중간첩 활동을 시작했다. 이때부터 그녀는 독일과 프랑스 첩보부 양측으로부터 돈을 받았다. 나이 마흔의 그녀는 많은 돈을 벌고자 첩보세계의 비정함을 간과하고 기꺼이 이중간첩 노릇을 했다.

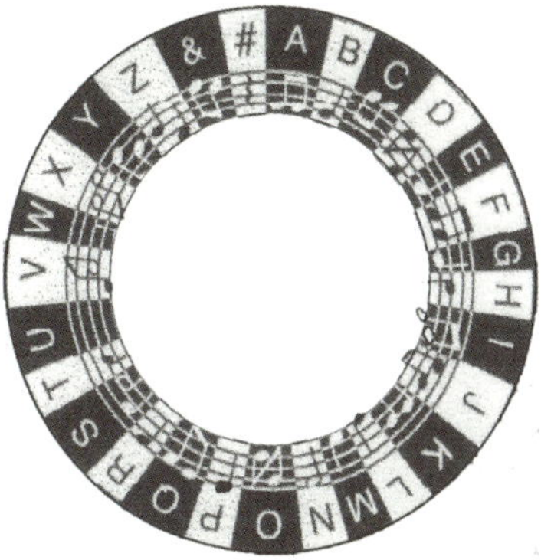

악보암호 해독표
각 알파벳에 적당한 음표를 대응시킨 형태다. 이 음표로 악보를 만들면 얼핏 평범한 악보처럼 보인다.

그녀는 악보를 이용하여 정보를 제공하였다. 즉 각각의 음표에 알파벳을 대응시킨 다음 알파벳에 맞는 음표로 문장을 작성했다.(문제 정답 ②)

그러나 이것은 음악에 대한 상식이 조금이라도 있는 사람은 쉽게 알 수 있는 엉성한 암호였다. 왜냐하면, 그렇게 작성한 악보는 전혀 음악이 되지 않을 뿐만 아니라 박자와 곡조가 실로 어색하기 때문이다. 예컨대, 보기처럼 작성된 악보는 "I AM TRAPPED"이라는 문장을 악보로 표시한 것인데, 초보자라도 박자가 틀렸음을 알 수 있다.

그런 데다 불운하게도 마타 하리는 비밀 첩보요원이라고 하기에는 재주가 형편없었다. 독일이나 프랑스 어느 쪽도 그녀로부터 가치 있는 정보를 받았다는 증거가 없음이 그것을 증명한다. 처신도 신중하지 못했다. 1915년 12월과 1916년 11월 두 차례 영국 폴크스톤 항구 등에서 영국 정보기관에 붙잡히기까지 했다. 침착한 대답으로 위기를 넘겼지만, 이때부터 영국 정보기관으로부터 감시를 받았다.

결과적으로 아무 대가 없이 돈만 주는 것에 지쳐버린 독일은 의도적으로 영국과 프랑스에 마타 하리의 이중간첩 행위를 알아채게끔 음모를 꾸몄다. 그녀가 네덜란드 헤이그에 머물던 1917년 봄, 한 독일 영사가 찾아와 다음 프랑스 여행에서 어떤 정보라도 얻어 오면 돈을 주겠노라 제의했다. 그런 뒤 독일은 마치 대단한 음모인 듯 여기저기서 연합국에 정보를 흘렸다.

대표적인 것이 앞서 언급한 사례였다. 당시 스페인 마드리드 주재 독일 해군 무관이 베를린과 몇 번이나 연락을 취하며 첩보원 H21에 대한 자금과 지시를 요구한 것은 이런 배경을 안고 있었다. 영국과 프랑스도 마타 하리의 효용성을 느끼지 못했기에 즉각 체포에 나섰다.

신화를 낳은 최후의 순간

프랑스 경찰에 체포된 뒤 마타 하리는 몇몇 낡은 정보를 독일군 정보 장교에게 제공했다는 사실만 인정했고, 그전에 독일 점령 하의

마타 하리가 춤추는 모습
관능적인 춤으로 남성들의 시선을 끄는 데 성공했다.

마타 하리
눈을 똑바로 뜨고 의연하게 총을 맞은,
대담한 임종 모습이 '마타 하리' 신화를 낳았다.

벨기에에서 프랑스 스파이로 활동하는 데 동의한 적이 있었다고 진술했다. 아울러 프랑스 정보부에 독일과 접촉했던 사실도 거리낌 없이 털어놓았다. 하지만 모두가 평범한 내용이고 국가에 치명적인 정보가 아니라고 주장했다.

1917년 7월, 마타 하리는 자신의 생사가 걸린 파리 군사 재판정에 섰다. 마타 하리는 프랑스 군사 기밀을 독일군에 빼돌린 혐의를 받았다. 그 기밀은 프랑스인 20만 명의 목숨을 앗아갈 정도로 중요한 사항이었다고 검사는 재판정에서 주장했다.

세상을 깜짝 놀라게 할 만한 섹스와 스파이 이야기가 법정에서 펼쳐지자, 마르가레타의 고통에 찬 무죄 주장에 귀를 기울이는 사람은 아무도 없었다. 법정은 주저 없이 유죄를 인정하고 사형을 선고했다.

마타 하리는 끝까지 스파이 활동을 부인했고, 푸앵카레 대통령에게 형 집행 연기를 탄원했으나 받아들여지지 않았다. 프랑스에서 막강한 영향력을 가진 일부 인사들이 나서주었지만, 아무 소용 없었다. 이들 중 상당수는 마르가레타의 옛 연인들이었다.

결국 1917년 10월 15일 그녀는 뱅센에서 총살형을 당했다. 처형장으로 끌려가기 전 마타 하리는 목숨을 구걸하지 않았다. 그녀는 검은색 실크 스타킹과 모피 외투를 입은 채 사형당하기를 원했고, "눈을 가리지 않아도 되나"고 사형집행관에게 물어보기까지 했다. 용감하게도 마타 하리는 몸도 묶이지 않고 눈도 가리지 않았다. 그녀는 신부와 수녀, 변호사가 자기에게서 멀어지는 동안, 의연하게 사형 집행인들을 쳐다보았고, 총구를 바라보며 죽음을 맞이했다. 죽음 앞에서도 태연했던 그 행동은 마타 하리 신화를 낳았다. 어떤 사람은 그녀의 생전 행동과 연관 지어 나체로 죽었다고 떠벌리기도 했다.

한편 1999년 1월 영국 정보기관 M15가 공개한 자료에 따르면, 마타 하리 처형은 뚜렷한 증거 없이 치러졌다. M15가 공개한 당시 정보 보고서에서 그녀가 'H21'이라는 암호명으로 독일군에 주요 군사정보를 빼돌렸다고 자백했다는 프랑스 측 주장을 뒷받침할 만한 증거를 찾아내지 못했다고 밝혔다. M15는 마타 하리를 두 차례 심문했지만,

증거나 자백을 받아내진 못했으며 프랑스도 마찬가지였다는 것이다. 오히려 마타 하리는 자신이 벨기에·프랑스 등 연합군 진영에 포섭돼 독일 정보를 빼 오는 역할을 해왔노라 주장했다고 한다. 결국 진실은 저 하늘의 마타 하리만이 알 것이다.

암호의 구성원리

악보 문자 치환

악보가 생긴 이후 몇몇 작곡가는 악보에 자기만 아는 문자 암호를 사용하곤 했다. 7음계를 알파벳으로 치환(置換)시켜 사랑하는 연인 이름을 넣거나 한 손의 특정한 손가락이 치는 음만을 통해 의도를 전달하기도 했다.

마타 하리의 경우에는 원판 다중환자를 응용한 암호를 썼다. 원판 두 개로 구성된 암호표를 그린 다음, 바깥 원에 알파벳을 위치시키고, 작은 원에 음표를 대응시켜 문장을 작성했다. 이 암호는 음악에 무지한 사람을 쉽게 속일 수 있는 반면에 항상 암호표를 휴대해야 하는 단점이 있다.

어찌 됐든 이 원리를 이용하면 음표에 알파벳이나 한글 자음을 대응시켜 자신만의 암호표를 만들 수 있다.

단(單)알파벳 환자(換子)에 마침표 찍은 메리 여왕

문제

∞ a n s // a

위 기호는 스코틀랜드 여왕 메리(Mary)가 사용한 암호로 작성한 문장이다. 무슨 뜻일까?

① SAVEME

② HELPME

③ LOVEME

④ REMOVE

메리는 스코틀랜드 국왕 제임스 5세의 딸로 태어났지만, 아버지가 일찍 죽은 후 시련의 세월을 보냈다. 어머니의 모국 프랑스에서 어린 시절을 보내고 스코틀랜드로 돌아왔으나 이방인 취급을 받았고, 프랑스 국왕이자 남편 프랑수아가 요절하는 바람에 어린 나이에 과부가 되었다. 우여곡절 끝에 메리는 영국 여왕 엘리자베스가 통치하는 잉글랜드로 피신했으나, 엘리자베스는 메리를 달가워하지 않았다. 엘리자베스는 메리를 왕위 위협 인물로 생각하여, 이런저런 구실로 감옥에 가두었다. 무려 18년에 이르는 긴 세월 동안 감옥에 갇힌 채 메리는 늘 탈출을 꿈꾸었지만, 현실은 쉽지 않았다.

'어떻게 해야 탈출할 수 있을까?'

그러다 다행히 외부에 조력자가 생겼다. 가톨릭 신자인 메리를 신봉하는 배빙턴이었다. 당시 엘리자베스가 반(反)가톨릭 법안을 제정하고 개신교의 중심이 섰기에, 가톨릭교도들은 반감이 컸는데, 배빙턴도 그중 한 명이었다. 배빙턴은 스페인의 도움을 얻어 메리를 석방할 계획을 세웠으며, 스페인 왕 펠리페 2세는 엘리자베스 여왕 암살

메리 스튜어트
영국 및 프랑스의 왕가 딸로 태어났지만,
파란만장한 삶을 살다가,
암호 편지로 인해 불운하게 생을 마감했다.

이 성공하면 원정대를 보내 지원하겠다고 약속했다.

배빙턴은 메리와 비밀리에 소통할 방법을 찾았고, 신학생 길버트 기포드를 전령으로 고용했다. 기포드는 맥주통을 이용해서 메리가 갇힌 샤틀레이 영지 감옥 안팎으로 편지를 몰래 전달했다. 몇 차례 서신을 주고받은 후, 1586년 7월 6일 배빙턴은 장문의 편지를 통해, '왕위 찬탈 경쟁자 처형 및 엘리자베스 1세 암살'에 대해 메리에게 승인과 조언을 구했다. 이 역모 편지를 받은 메리는 감옥 밖으로 나갈 뿐만 아니라 잉글랜드 왕위에 오를 수 있으리라는 희망을 품었다.

메리가 사용한 암호

그 무렵 배빙턴과 메리는 알파벳 J, V, W 세 글자만 그대로 쓰고, 나머지 알파벳 23자를 기호로 변환한 암호문을 사용했다.

배빙턴이 의견을 물어옴에 따라, 메리는 신중하게 답장을 썼다. 이제 거사 실행만 남았다. 하지만 두 사람이 간절히 바라던 꿈은 실현되지 못했다. 왜냐하면, 편지 전달을 심부름하던 기포드가 이중 첩자였기 때문이다. 기포드는 엘리자베스 1세의 수석 비서관이자 잉글랜드 첩보기관 창립자 프란시스 월싱엄(Sir Francis Walsingham)에게 포섭되어 충성을 맹세한 터였다.

"메리가 쓴 비밀 편지입니다."

기포드는 메리의 운명이 담긴 편지를 월싱엄에게 넘겼고, 월싱엄은 잉글랜드 최고 암호 해독가 토마스 펠립스(Thomas Phelippes)에게 암호문을 주며 해독을 부탁했다. 펠립스는 프랑스어, 스페인어, 이탈리아어, 라틴어에 유창했고, 암호문 빈도 분석 및 위조 달인으로 악명 높은 인물이었다. 빈도 분석은 문장에서 각각 문자의 빈출 정도를 분석하는 것인데, 단(單)알파벳 환자(環子) 암호 해독에서 적중률이 높았다. 펠립스는 빈도 분석법을 이용하여 메리가 작성한 암호를 금방 풀어냈다.

암호 해독을 통해 메리의 심정이 고스란히 드러났다. 메리는 자신이 사용하는 암호가 안전하다고 믿어서 하고픈 말을 거리낌 없이 적었다. 다만 메리가 쓴 답장에는 다른 공모자들 이름은 적혀 있지 않았다.

해독문을 받아든 월싱엄은 펠립스에게 편지를 복사하고 음모 가담자 명단을 요구하는 내용을 답장에 덧붙이라고 요구했다. 펠립스는 편지 말미에 메리 서체로 추신 형태로 그렇게 썼다.

"공모자가 누구인지 모두 자세히 알려주오."

위조 편지를 전해 받은 배빙턴은 덫이라는 의심을 전혀 하지 않고 역모 가담자 이름을 낱낱이 적어서 메리에게 보냈다. 월싱엄은 그 편지 역시 가로챘고, 즉각 반역자들을 전원 체포했다. 음모자 명단에 오른 사람들은 모두 끔찍하게 잔혹한 고문을 당하고 죽었다. 메리는 국가 반역 죄목으로 재판에 부쳐졌고, 이듬해인 1587년에 참수형을 당했다. 이로써 메리는 한 많은 일생을 마감했으며, 그와 함께 단(單) 알파벳 환자 암호 시대도 막을 내렸다.

한편, 서두 문제의 정답은 ②번(HELP ME)이다.

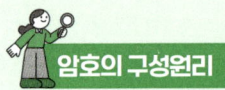

암호의 구성원리

단(單)알파벳 환자 암호

메리가 사용한 암호는 알파벳을 다른 기호로 바꾼 단(單)알파벳 암호인데 J, V, W 세 글자는 그대로 두고, 나머지 알파벳 23자를 기호로 바꿔서 썼다. 쌍방 간에 규칙을 알고 있어야 작성 및 해독이 가능하지만, 설령 규칙을 모르더라도 빈도분석에 의해 제3자에게 들킬 가능성이 높다. 모음은 자음보다 사용 빈도가 높기 때문이다.

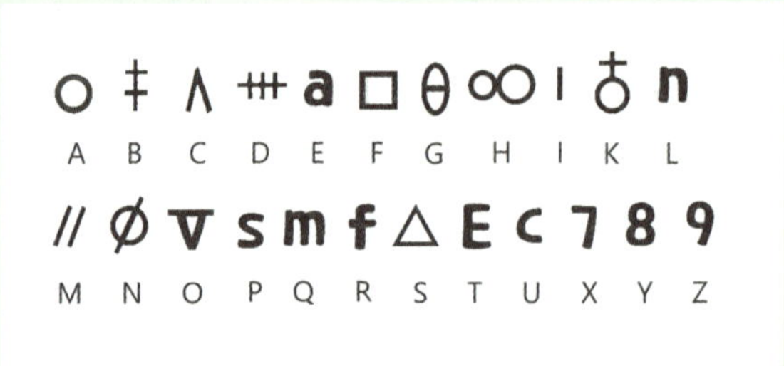

메리가 사용한 단알파벳 환자 암호

모스부호와 풍크슈필

문제

• • • − − − • • •

문제

• − • • − − − • • • − •

문제

• • • • • • − • • • − − •

위 기호들은 널리 알려진 영문 모스부호이다. 각각의 문제는 다음 중에서 무슨 뜻일까?

① 문제 1은 SPY, 문제 2는 OPEN, 문제 3은 KNOW

② 문제 1은 SPY, 문제 2는 KNOW, 문제 3은 OPEN

③ 문제 1은 SOS, 문제 2는 LOVE, 문제 3은 HELP

④ 문제 1은 SOS, 문제 2는 HELP, 문제 3은 LOVE

전보(電報)와 근대적 암호

1844년 5월 26일 미국 볼티모어에서 개최된 민주당 전당대회에서 박수갈채가 터졌다. 뉴욕주 출신 사일러스 라이트 상원의원에게 보내는, 미국 부통령 후보지명 승낙 촉구 박수였다. 그러나 라이트 의원은 10분 동안 두 차례나 후보지명을 거부했다. 처음에 대의원들은 그의 거부 의사를 믿지 않았다. 당시 라이트 의원은 전당대회장이 아니라 거기서부터 96*km* 떨어진 워싱턴에 있었기 때문이다.

그 시간에, 라이트는 국회의사당 상원회의실 아래에 있는 방에서 전보로 볼티모어에 연락을 보냈는데, 당시 '번갯불'로 불린 전보 통신이 너무 생소한 까닭에 사람들은 그의 진의가 아닐지도 모른다고 생각했다. 결국 라이트가 연락을 보냈는지 확인하기 위해 전당대회의 한 위원을 열차로 워싱턴에 파견해서 진실을 확인했다. 그에 따라 민주당 부통령 후보로 조지 M. 달라스가 지명되었다.

미국 정치 역사상 매우 이례적 장면을 연출한 놀라운 기계를 발명한 사람은 사무엘 모스(1791~1872년)였다. 전보 또는 전신은 말이나 기차보다 빠르게 정보를 전달함으로써 북아메리카평원 토착 원주민들은 물론 미국 개척 지역 주민들을 놀라게 했다.

또 전보는 군사적으로도 매우 긴요하게 쓰였고, 암호가 오늘날처럼 본격적으로 정보활동에 활용될 수 있는 토대를 마련해주었다. 1844년부터 많은 사람이 암호 활용에 대해 노력했는데, 특히 상업적으로 쓰인 코드(어구)는 근대적으로 발달한 최초 암호였다. 이 코드 암호는 그 후 정치·경제적인 면에서 주로 쓰였고, 더욱 비밀과 실용을 요구하는 군사적인 면에서는 사이퍼(문자암호)가 활용됐다.

모스가 전신을 발명한 건 실로 개인저 흥미와 우연한 정보 취득에 기인한 결과였다.

모스는 교회 목사 아들로 태어났고, 학창 시절은 그리 모범적이지 못했다. 예일대학교를 다녔으나 학문에 별로 관심이 없었고, 다만 그 당시 대부분 사람이 이해하지 못한 전기(電氣)에 대한 강의에만 흥미를 느꼈다. 그는 또한 초상화 그리기를 좋아하여 틈만 나면 그림 그리느라 부모님을 실망시키기 일쑤였다. 대학 졸업 후, 그는 생활비를 벌고자 마지못해 여기저기 떠돌아다니며 초상화를 그렸다.

1832년 그는 유럽에서 미술을 공부한 뒤 배 타고 미국으로 돌아오는 도중 선상에서 그야말로 신선한 정보를 얻었다. 일부 승객들이 전기가 전선을 통해 순간적으로 이동한다는 사실을 이야기하고 있었다. 모스는 여기에서 어떤 영감을 얻어 통신용 전보를 발명하고자 전기와 자력의 효과를 결합해 활용하는 방법을 연구했다.

모스는 배 안에서 독특한 전기부호를 만들고 기록하여 그의 표현대로 '전기 존재를 시각화하는' 장치도 설계했다. 전신이라는 개념은 1800년 이전에 이미 제기됐지만, 모스는 자신의 착상이 최초라고 믿었다.

그러나 사람들은 모스가 발명한 전신 기계의 가치를 알아주지 않았다. 모스가 미국과 유럽에서 지원 자금을 얻기 위해 애쓰느라 보낸 시간이 4년이었다. 마침내 1843년 2월 미국 하원은 모스에 대한 자금 지원 여부를 결정하기 위해 표결에 부쳤다. 제27차 국회 회기 종료 막바지 때였다. 모스 자신은 절망적이라고 판단하여 이미 방청석을 떠난 뒤였으나 다행스럽게 근소한 우세로 가결되었다.

누구보다도 정치인들에게 먼저 효율성을 깨닫게 해주는 게 급선무라고 판단한 모스는 민주당의 대통령 후보를 선출하는 전당대회 개최지 볼티모어와 워싱턴 사이에 실험적인 통신체제를 즉각 설치했다. 만약 그의 전보가 후보지명 소식을 기차보다 더 빨리 워싱턴에 전달한다면 그의 발명은 진가를 인정받게 될 게 틀림없었다. 1844년 5월 24일 세계 최초의 도시 간 전자석식 전보선이 설치되었다. 모스는 국회의사당 안에 있는 대법원 법정에서 최초의 공식 전보를 쳤다. 그 내용은 애니 엘즈워스가 고른 것으로 "하느님이 무엇을 만드셨는가!"였다. 볼티모어에서 모스의 조수 알프레드 베일이 전문을 받고 즉시 답신을 보냈다. 민주당 전당대회에서 모스 업적이 공식 인정을 받은 후 전보는 세기의 기적으로 찬양받았으며, 대륙 전체로 뻗어 나갔다.

모스부호 발신
모스가 자신이 발명한 전신 기계를 통해 송신하는 모습

모스부호 이야기

모스가 점과 선으로 이루어진 전신 부호 체제를 개발한 것은 1838년이었다. 이때 만들어진 전신 부호는 전 세계에 '모스부호'라는 이름으로 널리 알려졌으며, 원래 형태에서 거의 변화하지 않은 상태로 오늘날까지 사용되고 있다.

1844년 워싱턴과 볼티모어 간에 이용된 모스부호 기록기는 시계장치에 의해 일정한 속도로 풀려나오는 종이테이프 위에 '점'과 '선'을 기록했다. 그런데 이 기록기에 찍힌 부호는 때때로 알아보기 힘들었다. 잉크가 아니라 압력에 의해 눌린 자국으로 부호가 찍혔기 때문이다. 1854년 토마스 존이 잉크를 묻힌 바퀴와 종이테이프를 사용하는 기록 체제를 발명했다. 시각적으로 개선한 것이다.

그러나 현실적으로는 기사들이 전보의 기록 테이프를 읽기보다는 키의 명료한 소리를 구별하여 연락 내용을 해독하는 방법을 배웠다. 따라서 모스는 수신되는 신호 소리를 증폭시키는 장치를 개발했고, 모든 글자를 길고 짧은 신호의 조합으로 이루어진 기호 암호를 만들었다. 예컨대, A는 한 번의 짧은 부호와 한 번의 긴 부호로 표시되는 반면, Q는 두 번의 긴 부호와 한 번의 짧은 부호 그리고 한 번의 긴 부호로 나타낸다. 그가 마련한 모스부호는 다음과 같다.

국제(영문) 모스부호표

알파벳			숫자	구두점
A •–	J •–––	T –	1 •––––	' •––––•
B –•••	K –•–	U ••–	2 ••–––	∴ –––•••
C –•–•	L •–••	V •••–	3 •••––	, ––••––
CH ––––	M ––	W •––	4 ••••–	– ••••–
D –••	N –•	X –••–	5 •••••	( ) –•––•–
E •	O –––	Y –•––	6 –••••	. •–•–•–
F ••–•	P •––•	Z ––••	7 ––•••	? ••––••
G ––•	Q ––•–		8 –––••	‘ ’ •–••–•
H ••••	R •–•	조난신호(SOS)	9 ––––•	
I ••	S •••	•••–––•••	0 –––––	

* 위 부호표에 따르면 본문 서두에 출제된 문제의 정답은 SOS, LOVE, HELP(③번)이다.

독일의 풍크슈필

모스가 발명한 전신은 제1·2차 세계대전 중에 널리 쓰였다. 특히 독일은 무선(無線)을 이용한 모략 작전을 펼쳐 큰 성과를 얻었는데, 이를 풍크슈필(Funkspiel)이라고 불렀다. 풍크는 '무선의'라는 의미이며, 슈필은 '유희·일·스포츠·경기'라는 뜻이다.

풍크슈필 지휘자는 대스파이 작전 임무를 수행하는 독일 방위대의 네덜란드 지부장 기스케스였다. 기스케스는 점령지 경찰의 무전을 이용하여 정보를 수집하고 또한 무전 방향탐지기를 이용하여 네덜란드의 지하 저항조직 무선국을 습격해, 암호 관계 자료나 무선기계 등을 압수했다. 그는 포획한 기계·자료들을 이용해 무선 모략전을 구상했다. 말하자면 이들 지하운동 조직의 무선국을 공간(전파를 의미)에서의 이중스파이로 이용하자는 것이었다.

한편 기스케스는 별도 통로를 통해, 영국이 네덜란드의 레지스탕스 지원을 위한 낙하산 투하 계획을 알아냈다. 당시 영국과 레지스탕스는 무선으로 연락하고 있었다. 기스케스는 그 계획을 모략으로 분쇄하기 위해 '풍크슈필 노르트포트(북극무선 모략작전)'를 계획했다.

때마침 1942년에 네덜란드 레지스탕스의 한 통신원이 나치에 체포되었다. 나치는 그에게 협력을 강요했고, 그는 표면상 승낙하였다. 그리고 런던에는 아무 일 없는 듯 교신을 계속했다. 그러나 나치 당국에 진심으로 협력하고 싶지 않았던 그는 나치 요원들 몰래 런던에

'이상 있음'을 계속해 알려줬다. 이를테면, 그는 런던으로 발신하는 암호문에서, 안전성 확인 부호(Security Check)를 뺀 채 교신을 계속했다.

'안정성 확인 부호'란, 발신자의 통신이 확실하다는 사실을 표시하기 위해 통신문 속의 특정한 위치에 써넣는 숫자를 말한다. 암호문 속의 암호라 할 수 있다. 이 안전성 확인 부호를 넣지 않은 통신문을 받는 사람은 일단 발신자 상황 및 발신지 정보를 의심해야 한다.

그런데 앞의 네덜란드 레지스탕스가 확인 부호를 써넣지 않고 통신을 보내고 있었는데도 불구하고 영국에서는 3월 27일 예정된 장소에 비행기를 보내어 보급품을 투하하였다. 런던에서는 왜, 안정성 확인 부호를 확인하지 않았을까? 그것은 이 방면 첩보원들의 훈련이 부족하거나 근무 태만 외에는 달리 설명할 수 없다.

독일은 그런 사정을 몰랐으나 아무 피해를 입지 않았다. 더군다나 예정대로 영국 수송기가 공중에서 지원 물자를 투하하자, 나치 독일의 기스케스는 득의만면하여 자신의 모략 작전이 성공했다고 확신했다. 기스케스가 레지스탕스를 통하여 효과적인 모략 작전을 수행한 기간은 무려 20개월이나 됐다.

풍크슈필 작전은 1944년 2월에서야 그 막을 내렸다. 그나마 나치 수용소로부터 탈출한 연합국 첩보원들 제보에 힘입어서였다. 그러나 그동안 연합국은 참으로 막대한 피해를 입었다. 첩보원 47명이 생명을 잃은 데다 엄청난 물자와 병력을 잃었다. 이 사건은 첩보전에 있어서 연합국의 최대 패배라 할 수 있다.

암호의 구성원리

모스부호

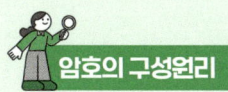

짧은 발신전류(점)와 긴 발신전류(선)를 배합하여 알파벳 · 숫자를 표시한 것으로, 그 원칙은 다음과 같다.

- 부호는 단점(短點:dot)과 단점 3배 길이 장점(長點:dash)으로 구성된다.
- 영문에서 문자와 문자 사이는 3단점 간격, 단어와 단어 사이는 7단점 간격을 둔다.
- 다만 한글에서는 단어와 단어 사이 간격을 5단점으로 하고 있다.

국제(영문) 모스부호표

한글 자음		한글 모음	
ㄱ	• — • •	ㅏ	•
ㄴ	• • — •	ㅑ	• •
ㄷ	— • • •	ㅓ	—
ㄹ	• • • —	ㅕ	• • •
ㅁ	— —	ㅗ	• —
ㅂ	• — —	ㅛ	— •
ㅅ	— — •	ㅜ	• • • •
ㅇ	— • —	ㅠ	• — •
ㅈ	• — — •	ㅡ	— • •
ㅊ	— • — •	ㅣ	• • —
ㅋ	— • • —	ㅔ	— • — —
ㅌ	— — • •	ㅐ	— — • —
ㅍ	— — —		
ㅎ	• — — —		

모스부호는 소리를 이용한 통신이지만, 시각적으로도 구분이 가능하므로 암호로 활용할 수 있다. 이 경우 모스부호를 그대로 사용할 수도 있고, 몇 칸 이동하여 조금 어렵게 쓸 수도 있다.

마술사 후디니의 암호

문제

로저벨(Rosabelle) 대답하다(Answer) 말하다(Tell) 기도하다-대답하다(Pray-Answer) 바라보다(Look) 말하다(Tell) 대답하다-대답하다(Answer-Answer) 말하다(Tell).

1936년의 어느 날이었다. 마술사 해리 후디니의 아내 비애트리스 후디니는 아서 포드라는 영매(靈媒)를 통해 위와 같은 메시지를 전달받았다.

그 말을 들은 비애트리스는 죽은 남편의 메시지가 틀림없다고 말했다. 무엇으로 그렇게 판단한 것일까?

① 각각의 머리글자 RATPALTAAT가 생전에 약속한 암호였기 때문이다.

② 각각의 단어를 알파벳으로 변화시킨 암호였기 때문이다.

③ '대답하다'라는 메시지가 생전에 약속한 암호였기 때문이다.

④ '로저벨'이 후디니의 별명이었기 때문이다.

탈출묘기의 명수

해리 후디니(1874~1926년)는 자신을 묶거나 가둔 인위적 장치들을 해체하고 탈출하는 묘기로 유명했던 전설적 마술사다. 그는 처음부터 인기를 끌지는 못했다. 어린 나이에 헝가리에서 미국으로 이민 온 뒤 서커스단 공중곡예로 활동했으나 별다른 주목을 받지 못했다.

후디니는 1900년경 족쇄·포승줄·수갑 등을 풀거나, 우유통에서부터 관(棺)이나 감방에 이르기까지 자물쇠로 잠긴 여러 가지 잠금장치를 열고 탈출하는 놀라운 묘기로 세계적 명성을 얻기 시작했다. 그의 대표적인 탈출묘기는 다음과 같이 진행되었다.

그는 사슬로 묶인 채 상자에 넣어진다. 보조요원들이 이 상자에 자물쇠를 채우고 밧줄로 꽁꽁 묶고서 추를 달아 무겁게 만든다. 이것을 배에 싣고 가다가 물속으로 던져 가라앉히면, 그는 이 모든 장치를 풀고 탈출하여 배로 돌아오는 묘기를 보여준다. 또 다른 옥외 묘기는 지상 23m 높이에 거꾸로 매달린 상태에서 구속의(拘束衣), 즉 몸을 꽁꽁 감싼 옷을 서둘러 벗고 탈출하는 것인데, 이 같은 그의 마

후디니
어떤 자물쇠든 풀고 탈출하는
남다른 재능으로 마술사 명성을 얻었다.

술공연에는 언제나 관객 수천 명이 몰려들었다.

후디니의 초인적인 탈출 기술은 그의 강인한 신체와 민첩함, 정확한 시간 계산능력, 그리고 뛰어난 열쇠 조작 기술에 의해 가능했다. 오늘날처럼 기계문명이 발달하지 못한 당시에 그의 묘기는 신비에 가까운 기술로 대접받았고, 선풍적 인기를 끌었다. 후디니는 1916~1923년 많은 영화에 출연하여 탈출 묘기를 연출했다. 무성영화 전성시대에 그의 탈출 묘기는 참으로 신기한 볼거리였기 때문이다.

그런데 후디니는 혼령과 인간 사이를 매개한다는 영매(靈媒), 불가사의한 심적 현상을 일으킨다는 심령술사(心靈術士), 사람 마음을 읽는다는 독심술사(讀心術士) 등 초자연적인 능력을 가졌노라 주장하는 이들을 증오했다. 후디니는 그들이 모두 사기꾼이며, 그들의 능력은 단지 자연적인 방법과 여러 가지 속임수를 이용한 것뿐이라고 주장하면서 심령술 반대 운동에 적극 나섰다.

영매(靈媒)와 마술사의 대결

19세기 말엽 《셜록 홈즈》 창조자 코난 도일과 당대 마술사 해리 후디니 간에 격렬한 논쟁이 붙었다. 도일은 심령술의 열렬한 지지자였고, 후디니는 심령술 반대론자였던 바, 강회·토론회·서적 발간 등등에서 사사건건 부딪쳤다.

밧줄이나 쇠사슬 결박을 푸는 곡예의 명수 후디니가 영매 활동에 반대 운동을 벌인 데에는 당시 많은 직업 마술사의 입장이 크게 반영됐다. 다시 말해 어수룩한 일반 대중을 상대로 사기 행각을 벌이는 영매들 때문에 마술사까지도 도매금으로 사기꾼 취급을 받는 까닭에 후디니가 분노했던 거다.

도일은 《심령술 역사》를 통해, 후디니는 《영매들 속의 마법사》라는 책을 통해 각기 자신의 견해를 피력했다. 이런 상황을 지켜보던 미국 심령학자 W. F. 프린스 박사는 《황홀한 경계선》이라는 저서에서 다음과 같이 두 사람을 비판했다.

> "한 사람은 심령술 복음을 전파하기 위해, 또 한 사람은 심령술 미신을 추방하기 위해 둘 다 예수의 제자 같은 열정으로 흑색선전을 자행하고 있다."

그러나 영매 마저리라는 이름으로 널리 알려진 보스턴의 마이너

크랜던을 둘러싼 논쟁 결과, 프린스 역시 가열된 논쟁에 휘말렸다.

1923년 마저리는 미국 심령학계를 들썩인 영매였다. 크랜던 남편은 하버드대학 의과 교수이자 수술 후 치료법에 관한 표준 교과서의 저자이기도 했는데, 과학 첨단을 걷는 남편조차 아내의 영매 행위를 전혀 의심하지 않고 전적으로 믿었다. 그녀는 영혼과 대화를 나눔은 물론 집안 곳곳에서 물건들이 저절로 움직이거나 떨어지는 등 보이지 않는 손이 집안을 난장판으로 만드는 능력을 보여주었다고 한다.

같은 해 〈사이언티픽 아메리칸〉 지는 지정된 과학자 단체에 심령술의 신빙성을 확실히 증명하는 영매에게 거액의 상금을 내걸었다. 여러 영매가 시험에 응했지만, 모두 속임수라는 판정을 받았다. 이때 크랜던이 영매 실험에 응해 위원들의 믿음을 끌어내기에 이르렀다. 그녀는 죽은 오빠 월터 스틴턴과 많은 이야기를 나누었다. 런던 심령학회 연구원 에릭 J. 딩월은 크랜던 부부를 만나고 돌아와 이렇게 단언했다.

"마저리의 심령술은 연구사상 가장 괄목할 만한 것 중 하나다."

그러나 후디니는 그녀의 영매 행위에 대한 증거를 사기이며 조작이라고 비난했다.

후디니가 영매론자를 미워한 까닭

이처럼 강력한 영매 반대론자였던 후디니는 죽을 때 평소 철학과 모순되는 묘한 유언을 남겼다.

후디니의 죽음은 참으로 어이없는 일에서 비롯되었다. 평소 불사신이라고 자처했던 후디니는 1926년 어느 날 약방에서 팬이라 밝힌 한 학생으로부터 "내 주먹은 매우 강한 데 당신 배를 한 번 쳐봐도 되겠습니까?"라는 질문을 받고는 호기 있게 응했다. 그런데 학생에게 얻어맞은 배 부위가 그만 급성 복막염으로 악화해 불의의 죽음을 맞이했다. 후디니는 임종 자리에서, 자기 영혼이 이승으로 돌아오도록 노력하겠으며, 아내 비애트리스와 자신이 독심술에 사용하던 암호도 그때 갖고 돌아오겠다는 다소 황당한 약속을 유언으로 남겼다. 다시 말해 후디니는 자기 영혼이 어떤 형태로든지 존재한다면 아내에게 그 사실을 암호로 알리겠다고 약속했다.

후디니가 그러한 유언을 남긴 배경에는 영매에 대한 불신이 깊게 깔려 있었다. 그는 아내와 심령술을 실험하기로 서로 동의했었다. 그 방법은 먼저 죽은 사람이 살아 있는 사람에게 대화를 시도하는 것이었다.

후디니가 죽은 후, 마술사 후디니의 명성을 이용하여 유명해지고 싶은 수많은 영매가 다투어 비애트리스에게 메시지를 전달했다. 그때마다 그녀는 후디니의 메시지가 아니라고 고개를 가로저었다. 그러던 차 드디어 유력한 메시지가 전달되었다.

1928년, 영매 아서 포드의 지배령(支配靈)으로 여겨지는 플래처가 교령회(交靈會)에 나타나, "후디니란 예명으로 알려진 애리히 바이스의 어머니라고 자칭하는 어떤 여자가 메시지를 보내고 싶어 한다"고 밝혔다. 교령회는 영매의 개입하에 탁자를 둘러싸고 사망자와의 소통을 도모하는 회합을 이르는 말인데, 여기에서 후디니의 어머니라고 주장한 영령은 플래처를 통해 이렇게 말했다.

"내 아들은 오랫동안 내가 대답해 줄 한 단어를 고대했고, 그 말을 들을 수 있다면 '믿을 것'이라고 늘 말했다. 세상에서 그의 아내만이 내가 얘기하는 암호를 풀 수 있다. 내가 오랫동안 하려던 말은 '용서'란 단어인데, 이를 며느리에게 확인해 보시오!"

이 소식을 접한 비애트리스는 '용서'라는 단어가 남편이 평생 헛되이 기다려 왔던 단어라고 확인해 주었다. 그녀는 이 메시지 가운데서 한두 가지 사소한 오류를 지적했으나, 이는 "지금껏 받은 메시지 수천 건 중에서 진실처럼 보이는 최초의 것"이라고 단언했다.

영혼의 세계를 암호로 전달하려 한 후디니

그 후 1936년 아서 포드는 교령회에서 급기야 후디니의 메시지를 전했다. 아서 포드는 교령회에서 플래처라는 영혼이 다음과 같이 말했다고 주장했다.

"여기 한 사람이 와 있다. 그는 자기가 해리 후디니라고 말하지만, 사실 본명은 애리히 바이스이다. 죽은 후 이승의 아내에게 보내기로 했던 열 단어로 된 메시지를 보내고 싶어 한다. 그는 나에게 이 메시지를 아내에게 전달해 줘야 하며, 아내가 이 메시지를 전달받는 즉시 생전에 합의했던 계획대로 따라주길 바란다고 말하고 있다."

메시지는 다음과 같았다.

"로저벨(Rosabelle) 대답하다(Answer) 이야기하다(Tell) 기도하다-대답하다(Pray-Answer) 바라보다(Look) 이야기하다(Tell) 대답하다-대답하다(Answer-Answer) 이야기하다(Tell)."

이 정보가 해리 후디니의 미망인에게 전달된 후, 그녀는 자기 집에서 포드가 주재하는 교령회를 열기로 결심했다. 교령회 도중, 플래처의 혼령은 해리 후디니의 부인에게 전달된 말들이 정확한지 물었다. 그녀는 분명하게 대답했다.

"네. 정확해요."

그러자 플래처는 또다시 후디니의 말을 전했다. 아내가 결혼반지를 빼고, '로저벨'이라는 말이 그녀에게 무엇을 의미하는지 참석자들에게 이야기해 주기를 바란다는 메시지였다. 그러자 그녀는 '로저벨'이라는 노래의 네 구절을 불렀다. 후디니는 플래처를 통해 "고맙소,

여보. 오래전에 우리가 함께 출연한 첫 번째 무대에서 당신이 처음으로 그 노래를 불렀지"라고 응답했다고 한다.

연이어 플래처는 알파벳 A에서 J까지 10자로 구성된 후디니 암호 규칙에 따라 단어 해석을 시작했다.

1. 기도하다(Pray)—A.

2. 대답하다(Answer)—B.

3. 말하다(Say)—C.

4. 지금(Now)—D.

5. 이야기하다(Tell)—E

6. 제발(Please)—F.

7. 말을 하다(Speak)—G

8. 빨리(Quickly)—H.

9. 바라보다(Look)—I

10. 서두르다(Be Quick)—J.

플래처는 다음과 같이 덧붙여 설명했다.

"이 암호 규칙에서 두 번째 단어는 '대답하다(Answer)'이고 알파벳에서 두 번째 철자는 B이다. 그래서 '대답하다'는 B에 해당한다. 암호 규칙에서 다섯 번째 단어는 '말하다(Tell)'이고 다섯 번째 알파벳은 E이다. 열두 번째의 알파벳은 L인데, 우리는 암호 규칙의 첫째(Pray)와 둘째 단어(Answer)를 함께 사용하여 열두 번째 알파벳을 표시한다."

이 규칙에 따르면 V를 나타내기 위해서는 암호 규칙 중 '대답하다(Answer)'라는 단어를 두 번 사용해야 한다. 그러면 스물두 번째 알파벳(V)이 만들어진다. 다시 말해 암호 배열은 보기와 같다.

보기

차례	단어	알파벳	차례	단어	알파벳
1	Pray	A	14	Pray–Now	N
2	Answer	B	15	Pray–Tell	O
3	Say	C	16	Pray–Please	P
4	Now	D	17	Pray–Speak	Q
5	Tell	E	18	Pray–Quickly	R
6	Please	F	19	Pray–Look	S
7	Speak	G	20	Pray–Be Quick	T
8	Quickly	H	21	Answer–Pray	U
9	Look	I	22	Answer–Answer	V
10	Be Quick	J	23	Answer–Say	W
11	Pray–Pray	K	24	Answer–Now	X
12	Pray–Answer	L	25	Answer–Tell	Y
13	Pray–Say	M	26	Answer–Please	Z

모든 걸 종합한 결과, 후디니에게 전달받은 메시지 중 로저벨을 제외한 나머지 아홉 단어를 암호 규칙에 적용하니 한 단어가 생겼다. 그러한 암호 해석에 따른다면 후디니가 의미하는 단어는 '믿다(Believe)'였다. 왜냐하면 Answer=B, Tell=E, Pray-Answer=L, Look=I, Tell=E, Answer-Answer=V, Tell=E이기 때문이다. (문제 정답 ②)

암호문은 명쾌하게 해석되었다. 그러나 정확히 어떻게 그러한 일이 이루어졌는가 하는 문제는 지금도 논란거리로 남아 있다. 또 무슨 이유에서인지는 모르나, 후디니의 부인은 1943년 이 심령술 실험은 실패로 끝났다고 발표했다.

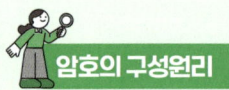

암호의 구성원리

단어 알파벳 치환

후디니가 사용했다는 암호는 단어나 짧은 문장을 알파벳으로 치환한 것이다. 암호표만 있으면 작성하고 해독할 수 있는 매우 간단한 암호법으로, 특정한 단어를 전달할 때 쓰임새가 편리하다.

이 암호의 진위 여부를 떠나 누구든지 알파벳을 자기만의 단어로 치환하여 암호를 만들 수 있으니 예를 들면 다음과 같다.(자음은 명사, 모음은 동사를 쓰는 등 나름의 원칙을 정한다.)

알파벳	A	B	C	D	E	F	G	H	I
단어	love	tiger	lion	horse	like	food	water	sea	run
알파벳	J	K	L	M	N	O	P	Q	R
단어	river	toy	pen	ink	navy	go	pork	beef	green
알파벳	S	T	U	V	W	X	Y	Z	
단어	blue	red	come	black	jump	white	apple	bell	

【암호문】 Max is 'blue-pork-apple'.(맥스는 '파랑-돼지고기-사과'이다.)

【평문】 Max is 'spy'.(맥스는 '간첩'이다.) ※'spy'만을 암호화한 것이다.

PART

3

전쟁과 암호

원판 암호와 복식 알파벳

문제

적국에서 활동하던 한 스파이가 긴급히 "SVOK R ZN GIZKKVW"라는 암호 전문을 쳤고, 그 직후 체포되었다. 그의 가방에서 나온 것은 앞에 보이는 바와 같은 알파벳 기호가 이중으로 적힌 원판뿐이었지만, 그는 자신이 마지막으로 보낸 암호 전문 내용 때문에 스파이임이 밝혀져 처형되었다. 그 내용은 다음 중 무엇이었을까?

① SVOK 사건의 암호는 R임.

② 내 신분이 탄로되었음.

③ 도움 바람. 함정에 빠졌음.

④ 이중 스파이 이름은 GIZKKVW임.

알베르티 이야기

위 사건에서 사용된 암호 기법의 기원은 르네상스 시대로 거슬러 올라간다. 르네상스 예술론의 주요 주창자인 레온 알베르티(1404~1472년)가 암호 공식과 함께 체계적으로 암호를 연구한 게 원판 암호의 시초였다.

알베르티는 이탈리아 피렌체의 부유한 상인 가정에서 태어났다. 애정 깊고 책임감 강한 아버지 로렌초는 아들 교육을 크게 신경 썼다. 알베르티에게 수학을 가르친 사람도 바로 아버지였다. 아버지 덕분에 알베르티는 평생 규칙적·이성적 질서에 잘 적응했고, 수학 원리를 실제로 응용하는 일에 지칠 줄 모르는 즐거움을 느꼈다.

알베르티는 수학에서 그림 원리(원근법)와 무게 변화에 관한 놀라운 명제도 이끌어냈다. 1435년에 쓴 《그림에 관하여》에서는 패널이나 벽의 2차원 평면 위에 3차원 장면을 그리는 방법을 처음으로 설명했다. 이 책은 이탈리아의 그림과 공공시설에 깊은 영향을 끼쳐 원근법적 르네상스 양식에서 정확하고 널찍하며 기하학적으로 질서 있는 공간을 낳았다.

1450~1460년대에 그는 건축에 열중했으며, 이탈리아의 여러 도시와 궁정을 여행하면서 많은 시간을 보냈다. 교황청이 공화주의적 생활을 금지한 로마에서 그는 기술·과학 문제에 몰두했다. 교황청 사무국원들이 품은 몇 가지 문제에 대답하면서 그는 이 분야에서 매우 독창적 저술 2권을 내놓았다. 하나는 최초의 이탈리아어 문법책으로, 이 책에서 그는 토스카나 지방어가 라틴어만큼이나 규칙적이고 따라서 문학에 충분히 사용될 수 있음을 밝히려 애썼다. 또 하나는 암호학에서 선구적인 책이다. 이 책에는 최초로 알려진 주파수 표와 알베르티가 발명한 것으로 보이는 암호 바퀴를 사용하여 기호를 적는 최초의 다표환자법(多表換字法)이 들어있다.

알베르티는 초기 르네상스 이탈리아 문화생활의 선구자로 평가받고 있다. 그는 다재다능한 자질로 존경받았는데, 이런 면에서 반세기 뒤에 나온 레오나르도 다빈치와 비교되기도 한다.

복식 알파벳 환자법

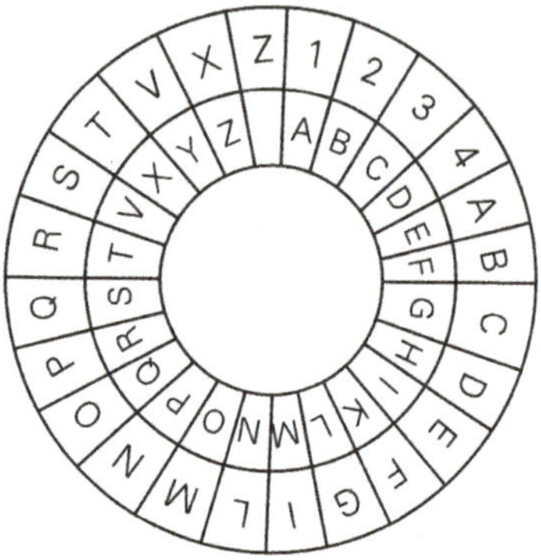

알베르티 환자 원판

알베르티가 발명한 환자 원판(換字圓板)은 복식(複式) 알파벳 환자법에 의한 암호였다. 복식 환자법이란 원판 동심원에 크고 작은 원판 두 개를 놓고 큰 쪽을 고정한 다음, 작은 쪽을 움직여서 해독하고 암호를 쓰는 방법을 가리킨다.

조금 더 구체적으로 살펴보면, 크고 작은 두 원판의 원둘레를 각기 24등분하여 큰 원판에는 HJKUWY를 제외한 알파벳 20자를 ABC 순으로 써넣고, 남은 네 칸은 1234 숫자로 메운다. 작은 원판에는 JUW를 제외한 알파벳 소문자를 기입한다.

여기에서 큰 원판 문자는 원문 문자이고, 작은 원판 문자는 암호문 문자를 나타내며, 움직일 수 있는 작은 원판 위치를 키로 지정함에 따라 원문과 암호문의 관계가 결정된다.

예컨대, 위 그림처럼 암호 원판이 놓여 있을 적에 키워드는 Z이다. 따라서 암호문이 "M EO XMTIH"로 작성되었을 경우 그 뜻은 "I AM TIRED(나는 지쳤다)"가 된다. 이를테면, 암호문을 주고받는 두 사람이 키워드를 무엇으로 정하느냐만 합의되면 암호문 작성과 해독이 가능해지는 것이다.

미국 남북전쟁과 암호

알베르티가 만든 복식 알파벳 환자법은 근대 들어 더욱 다양하게 개량됐지만, 원리는 그대로다. 이를테면, 알파벳 26자 전부를 사용하거나 혹은 알파벳 전부와 숫자 0~9를 사용하는 게 그것이다.

전자(前者)의 경우를 예로 들면, 문제로 출제한 암호문 SVOK R ZN GIZKKVW의 내용은 쉽게 밝혀진다. 암호문의 알파벳은 작은 원판이므로 그것을 큰 원판에 있는 알파벳으로 바꿔보자. 그리하면 S → H, V → E, O → L, K → P가 될 것이다. 그러므로 암호문 내용은 HELP, I AM TRAPPED(도움 바람. 함정에 빠졌음)임을 알 수 있다.(문제 정답 ③)

미국 남북전쟁에서는 전신(電信)이 대규모로 사용됨에 따라 군사용 특수암호가 등장했는데, 이때 북군이 널리 쓴 암호는 낱말을 바꾸어 놓은 복식 알파벳 환자법이었다. 그 방식은 문장 원문과 말의 순서를 그대로 쓰고, 그 알파벳을 특정한 순서에 따라 행(行)과 열(列)로 배열했다. 이 배열에다 무의미한 낱말을 군데군데 섞어서 안전도를 강화했다.

이에 비해 남군이 사용한 암호는 북군 것보다 형편없었고, 그 일부는 북군에 의해 완전히 해독되었다. 북군 암호가 남군에 비해 상대적으로 안전한 만큼, 작전 수립에서 우월한 북군이 이 전쟁에서 승리했다.

남북전쟁 때의 암호 원판

여기 보이는 암호 원판은 미국 남북전쟁에서 실제로 사용된 것이다. 크고 작은 두 장의 원판을 붙인 형태인데, 큰 원판은 고정돼 있고 작은 원판은 자유롭게 회전한다. 각 원판에는 알파벳 26자가 순서대로 나열돼 있다. 앞서 설명한 대로 작은 원판으로 암호문을 작성하고 어느 글자를 키워드로 했는지 알리기 위해 그 알파벳을 암호문 맨 앞에 쓴다.

예컨대, 'SHIP(배)'이라는 암호문을 보낼 경우 그에 해당하는 작은 원판의 알파벳 'ETUB'를 쓰고 문장 앞에 O를 추가하면 된다. (여기서 O는 작은 원판의 알파벳 A가 일치시켜야 하는 큰 원판의 알파벳을 의미한다.) 즉 'SHIP'의 암호문은 'OETUB'인 것이다.

알파벳과 숫자가 섞인 암호 원판 해독법

알파벳과 숫자가 섞여 있는 경우, 암호명이 한층 중요하고 복잡하다. 다시 말해 본부에서는 각각의 스파이에게 독자적인 암호명을 부여하고 그에 따라 암호 원판을 회전시켜 명령을 내리고 보고를 받는다.

알파벳과 숫자를 이용한 암호 원판

암호명이 노출된 경우 그 스파이의 통신문은 모두 드러나므로 암호명 보안은 통신문 이상으로 중요하다. 예를 들어, ‘갑돌’ 스파이에게는 K-1, ‘을숙’ 스파이에게는 L-7과 같은 암호명이 부여됐다면 암호 원판을 각기 그에 맞도록 고정해야 암호문이 풀린다. 가령, K-1이 본부에 ‘2Y60 3 U7 DBU00YX’과 같은 암호문을 쳤다면 암호 원판 바깥쪽을 K, 안쪽을 1에 맞춰놓아야 한다. 그리하면 ‘HELP, I AM TRAPPED’이라는 내용이 나타난다.

암호의 구성원리

원판 암호

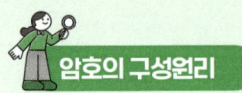

원판 암호는 일종의 다표환자법(多表換字法)이다. 원판 동심원에 크고 작은 원판 두 개를 놓고 먼저 큰 쪽을 고정한다. 이어 작은 원판을 움직여서 큰 원판의 특정한 알파벳에 고정시킨 후 암호를 만들고, 같은 원리로 해독하는 방법을 가리킨다.

이 경우 암호 키워드는 큰 원판과 작은 원판에서 각각 하나씩 나온다. 키워드를 모르더라도 암호 원판만 있다면 해독은 시간문제라는 단점이 있지만, 암호 원판이 없을 경우 암호문을 손에 넣더라도 해독하기 어렵다. 더군다나 크고 작은 원판 중 하나의 알파벳을 무작위로 나열하면 더 그렇다.

제1차 세계대전 중의 암호작전

문제 1

뉴캐슬에 5천 본의 잎담배를 보내시오.

제1차 세계대전이 한창이던 어느 날, 영국 동쪽 항구도시 뉴캐슬에 주재하던 네덜란드 무역상사 직원이 위와 같은 전보를 네덜란드로 타전했다. 영국의 한 검열관은 날마다 그 직원이 담배 주문하는 걸 눈여겨보다가 급기야 뭔가 이상한 점을 느꼈기에 관계기관에 수사를 의뢰하였다. 그 결과 무역상사 직원이 독일 스파이임이 밝혀졌다. 다음 중 무슨 내용이기에 그랬고, 어떤 암호였을까?

① '5천 본의 마약을 밀매했다'라는 암호였다.

② '뉴캐슬이라는 스파이에게 5천 달러를 보내라'는 암호였다.

③ '뉴캐슬 항구에 병사 5천 명을 파견하라'는 암호였다.

④ '뉴캐슬 항구에 순양함 5척이 정박하고 있다'라는 암호였다.

문제 2

벨기에의 예페르(Ieper)는 전통적인 직물 도시로서 오늘날에는 고양이 축제로 유명하지만, 제1차 세계대전 당시에는 독일군과 연합군 사이에 격렬한 전투가 벌어졌던 곳이다. 프랑스어로는 이프르(Ypres)라고 한다. 독일군은 1915년 4월 21일 이곳에 역사상 처음으로 독가스탄을 사용했으며 그 탓에 최초의 화학무기는 이페릿(yperite)탄이라고 명명되었다. 이후에도 이 지역에서는 여러 차례에 걸쳐 치열한 공방전이 벌어졌는데, 위 그림은 프랑스 스파이가 본국에 보낸 암호 중 하나다. 다음 중 무슨 뜻일까?

① 9일 Ieper

② 모자 쓰고 넥타이 맨 해군이 접선자

③ 8일 Ypres

④ 담배를 통해 화학무기 공격

독일의 첩보원들

독일은 1870년 보불전쟁이 일어나기 전부터 무려 간첩 3만 명을 프랑스 안에 들여보냈다. 나폴레옹 3세가 항복한 후에도 많은 간첩을 프랑스에다 두었기에 언제나 정확한 정보를 수집할 수 있었다. 제1차 세계대전 때도 독일은 각국에 파견한 첩보원들을 통해 많은 정보를 얻었다.

문제 1의 사건은 그 많은 간첩 중의 한 명이 발각된 것에 불과했는데, 스파이 적발은 검열관의 상식적인 사고에 힘입은 바 컸다. 즉 검열관은 무역상사라고는 해도 날마다 막대한 양의 잎담배 주문을 하기에는 어딘가 이상하다고 생각했다. 왜냐하면, 주문한 잎담배 물량이 그 지역 영국 사람이 몽땅 피워도 남을 만큼 많았기 때문이다. 여기에 의아심을 품은 게 결과적으로 스파이 적발로 이어졌다.

조사 결과 암호 전문은 "뉴캐슬 항구에 순양함 5척이 정박하고 있다"는 뜻으로 확인됐다.(문제 1 정답 ④) 그 첩보원은 순양함 수를 수시로 독일에 보고했으며, 현황 통보가 아닌 것처럼 위장하기 위해 발송을 부탁하는 것처럼 내용을 꾸몄다.

제1차 대전 중 독일 첩보원들의 뛰어난 활약은 전적으로 다른 나라보다 앞선 암호 덕분이었다. 실제로 1918년까지만 해도 연합군은 독일 암호를 제대로 해독하지 못해 전전긍긍하였다. 1918년에 일어난 두 사건은 그런 암호의 위력을 여실히 보여주고 있다.

1918년 3월 20일경 프랑스 암호국의 해독 책임자 페에반은 독일의 암호 전문을 받아들고 곤혹스러운 심정을 느꼈다. 쉽게 풀어질 것 같지 않았기 때문이다. 그는 갖은 머리를 쓰며 해독에 매달렸으나 만족할 만한 결과를 얻지 못했고, 그 사이에 독일군이 기습적으로 공격해왔다.

1918년 3월 21일 솜므에서 독일군 대포 6천 문이 연합군에게 화염을 뿜었다. 5시간 후에는 독일군 62개 사단이 40마일에 달하는 폭넓은 전선을 만들어 공세를 펼쳤다. 독일의 작전은 대성공을 거두었다. 페에반이 이 까다로운 암호를 완전히 해독한 것은 4월 26일이었다. 그동안 독일군은 또 한 차례 기습공격을 감행하여 영국군을 해안선까지 몰아냈고, 프랑스 파리 점령을 눈앞에 두었다. 사기가 잔뜩 오른 독일군 본부는 지역 책임자 루덴도르프와 재차 암호 전문을 교신했다. 먼젓번처럼 공격의 시기와 장소를 탐지당하지 않은 채 기습공격을 감행하라는 명령이었다.

연합군은 또다시 긴장했다. 암호 전문을 입수하기는 했으나 루덴도르프가 이다음에 과연 어디로 공격할지 파악하지 못했기 때문이다. 연합군이 얼마 남지 않은 예비 병력을 적절히 배치하려면 그것을 반드시 알아내야만 하기에, 연합군 암호반은 밤낮으로 해독에 매달렸다.

드디어 6월 3일 청취한 독일군 암호 전문을 해독한 결과, 루덴도르프가 의도하고 있는 지점을 파악할 수 있었다. 그 지점은 파리 북방 80㎞ 지점이며, 공격 일시는 6월 7일임이 분명했다. 연합군은 이 정보를 토대로 만반의 준비를 했다. 실제의 독일군 공격은 이틀이 연기된 6월 9일 한밤중에 시작됐다. 그러나 이번에는 연합군의 반격이 더 거셌다. 대비를 철저히 한 덕분이었다. 실상 연합군은 이 전투에서 만족할 만한 성과를 거두었고 이후 주도권을 잡았다. 이로써 독일군의 패색은 짙어졌고 급기야 제1차 세계대전에서 패배하기에 이르렀다.

영국의 암호 해독반

제1차 대전 중 영국이 암호의 중요성을 간과했던 것은 아니다. 전쟁이 발발한 1914년 8월 5일 영국해군 정보부장 헨리 F 올리버 소장은 교육국장 알프레드 유잉과 점심을 하면서 산더미같이 쌓여있는 독일 해군의 암호문 해독에 대해 상의했다. 그러나 별다른 진전이 없었다. 그러던 차 우연한 두 사건이 실마리를 제공했다.

그해 9월 초, 독일군의 경순양함 마그데브르그호가 발틱해에서 조난당하고, 한 독일 장교 시체가 러시아인에 의해 건져진 사건이 발생했다. 그런데 이 독일 하급장교는 독일 해군 암호문서를 갖고 있었다. 러시아 해군은 이를 영국해군에 넘겨주었다.

그러나 영국은 이 뜻하지 않은 노획물을 가지고도 당장 독일 해군 암호를 해독할 수 없었다. 당시 영국의 암호 해독 업무는 시원치 않아서 독일 해군의 통신 일부를 해독하는 데 20여 일을 소요하기 일쑤였다. 그나마 어렵사리 해독된 통신문 대부분도 극히 일상적인 것에 지나지 않았다. 그렇지만 영국은 이러한 암호 해독 훈련을 거쳐, 나중에는 중요한 독일군의 배치사항까지 알게 되기에 이르렀다.

얼마 뒤 영국에게 또다시 행운이 찾아왔다. 그해 12월 말경 영국 트롤어선이 지난 10월 16일 헬리고란드만 해전에서 침몰한 독일 구축함을 끌어올려 많은 서류 상자를 확보했다. 그 안에는 마그데부르그호에서 볼 수 없었던 중요한 독일 암호문서가 들어있었다. 영국의 암호 해독반은 이를 이용하여, 영국의 해상 수송을 위협하는 독일 순양함의 통신을 해독할 수 있었다. 그러나 영국은 이 암호문서가 베를린과 독일 해군의 해외 주재 무관과의 통신 연락에 사용된다는 사실을 몇 달 뒤에나 알게 됐다. 그만큼 영국은 독일에 비해 암호 능력이 뒤떨어져 있었지만, 우연히 연이어 노획한 암호문서로 인해 승전보를 울렸다.

1915년 1월 23일 해군 장관 윈스턴 처칠은 다음과 같은 보고를 받았다.

"각하, 지금 독일 함정들이 영국 해안을 향해 오는 것 같습니다."

"언제?"

"바로 오늘 밤입니다."

이 정보는 독일이 함대사령관 앞으로 보내는 암호 전문이었고, 얼마 전 노획한 암호문서 덕분에 해독할 수 있었다. 영국은 데이비드 비티 중장이 이끄는 순양함대가 독일 함대의 귀로를 막는 작전을 택했다. 영국도 약간 피해를 입었으나 독일 함대에게 치명적 일격을 가하는 데 성공하였다. 그 때문에 독일 함대는 그 후 1년 동안이나 행동 불능상태에 빠졌다. 이 일전으로 영국 해군성 암호 해독반은 상부로부터 절대적 신뢰를 받았다. 아울러 책임자인 유잉에게 필요한 게 있으면 무엇이든지 요구하라는 특혜가 주어졌다. 유잉은 요원을 증원하고 여러 시설을 보완했다.

한편, 독일 해군의 라인할트 세어 중장은 우세한 영국 함대와 정면 대결을 회피하고, 영국 주력함대를 잠수함으로 유인하여 각각 격파하는 작전계획을 수립했다. 그러나 그의 작전명령은 곧 영국 해군성의 암호 해독반에 의해 탐지되었다. 그런데 이 일전은 영국과 독일 양측 모두 불운한 결과로 끝났다. 독일은 정보 누설로 피해를 입었고, 영국은 암호 해독반에 의한 정보에만 의존하지 않고 다른 채널을 통해 들어온 정보가 뒤섞여 혼란을 불러일으켰기 때문이다.

하지만 책임의 불똥은 엉뚱한 데로 튀었다. 암호 해독반 책임자가 유잉으로부터 윌리엄 폴 해군 대령으로 바뀐 것이다. 그런데 이 조치는 영국으로 볼 때 전화위복의 계기가 되었다. 교체 부임한 폴의 활동이 실로 눈부셨으며, 폴은 정보활동을 위해 세상에 태어난 듯 그 방면에 천재적 자질을 마음껏 발휘했다.

침메르만의 암호 전문

1919년 1월 17일 오전 10시 30분경, 영국 해군성 암호 해독반에서 외교 암호 해독을 담당한 윌리엄 몽고메리 목사는 방금 중요한 전문을 잡아챘다고 폴에게 보고했다. 폴은 해독해보기도 전에 직감적으로 중요한 전문임을 간파했다. 그의 예감은 적중했다.

해독 결과, 1월 16일 베를린으로부터 주미 독일 대사 폰 베른슈도르프 백작에게 보내는 약 1천 개 숫자로 된 장문의 암호 전문이었다. 그러나 몽고메리 등은 긴 암호문 중 일부만 해독했다. 그 후 두 번째 전문을 입수했는데, 이번에는 먼젓번 해독 경험을 바탕으로 상당 부분 해독할 수 있었다. 전문 요지는 다음과 같았다.(괄호 안은 미확인 내용)

극비 사항으로 취급할 것. 안전한 경로를 통해 제1전문(?)과 함께 (?) 독일 공사에게 전달되기를 바람.

우리는 2월 1일을 기해, 무제한 잠수함전에 돌입할 것임. 그러하더라도 미국을 중립적인 입장으로 묶어 놓도록 힘을 기울이고 싶음. (?) 만약 우리가 (?)할 수 없을 때는, 다음과 같은 조건으로 (?) 동맹을 제안함.

(?)전쟁의 종결, 전쟁의 (?)수행.

귀하는 즉시 (?)대통령에 (?)과 개선, 동시에 독일 일본 간 교섭에 들어갈 것을 기대하고 있음을 전하기 바람. 영국은 (?).

또한 잠수함 (?)에 의해 수개월 안에 굴복할 수밖에 없다고 (?). 전문 수령 보고바람.

_침메르만

몽고메리는 이 단편적인 해독 내용을 폴에게 보고했다. 폴은 얼핏 들어오는 '무제한 잠수함전', '미국의 중립', '동맹을 제안' 등의 단어를 되씹어 보았다. 그는 몽고메리로 하여금 해독 업무를 계속하도록 지시하는 동시에 자기 나름의 정세 판단에 골몰했다.

전쟁은 이제 3년째로 접어들었다. 그러나 전쟁이 종결될 기미는 엿보이지 않은 채 육지에서의 전황은 영국·프랑스에게 결코 밝다고 할 수 없었다. 또한 바다에서도 기고만장한 독일 잠수함 U보트가 연합국 경제 사정을 악화시키고 있었다. 게다가 독일 U보트에 의해 미국 배가 격침당했음에도 불구하고 '중립을 지키겠다'라는 구호로 당선된 미국 윌슨 대통령이 계속 중립을 고수하는 일은 영국과 프랑스를 더욱 암담하게 했다.

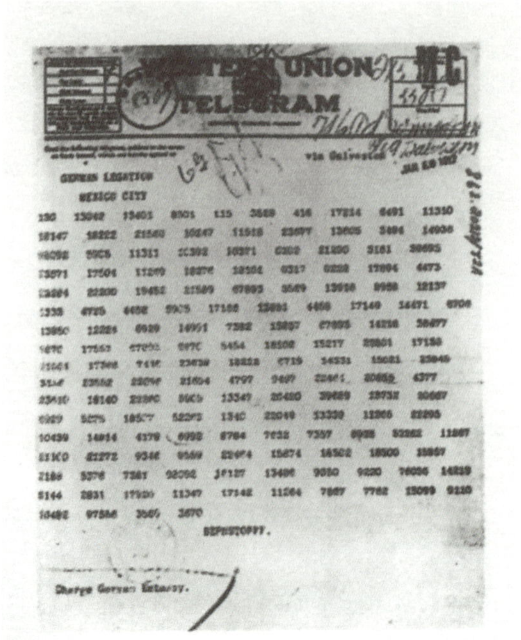

침메르만 전보

숫자가 빽빽이 적힌 이 전보는 결과적으로 미국의 참전을 유발했다.

한편, 독일 사정도 별다르지 않았다. 국면 전환도 탐탁지 않았고, 가까운 장래에 결정적인 승리를 가져올 수 있다는 희망이 보이지 않았다.

이런 가운데 드디어 영국 암호 해독반에 의해 침메르만의 암호 전문이 해독되었다. 그 내용은 다음과 같았다.

> 우리나라는 2월 1일부터 무제한 잠수함전을 개시할 작정임. 그런

데 미국을 중립적 입장에 묶어 놓기 위한 노력을 게을리해서는 안 됨. 그게 성공하지 못할 경우, 우리나라는 멕시코에 대해 다음과 같은 조건으로 동맹을 제안함.

1. 전쟁 혹은 평화의 행동에 전적으로 같이한다.
2. 좋은 조건으로 경제 원조를 실시한다.
3. 멕시코가 미국의 텍사스, 뉴멕시코, 애리조나 등 잃어버린 땅을 회복하는 데 적극 협력한다.

귀하는 미국과의 전쟁이 불가피한 정세에 이르렀을 때 즉시 (멕시코?)대통령에게 앞의 제안을 극비에 전달하기 바람.

우리 잠수함의 무지비한 공격에 의해 영국은 수개월 안에 굴복할 수밖에 없어 보인다는 사실을 대통령에게 강조하기 바람.

_침메르만

암호 해독으로 미국의 참전 유도

폴은 '멕시코가 미국에게 빼앗긴 땅을 찾는데 적극 협력하겠다'라는 조항에 주목했다. 미국을 자극할 문구가 틀림없다고 판단됐기 때문이다. 미국의 참전만이 이 난국을 타개할 수 있으므로, 미국 참전을 열렬히 기대한 영국 해군성 암호 해독반 책임자 폴은 이 전문내용을 미국에 보여주기로 결심했다.

1917년 2월 22일 폴은 외무성 승낙을 얻어 이 전문을 주영 미 대사관 서기관 에드워드 벨에게 통보했다. 당시 이 전문을 읽는 벨의 얼굴은 크게 노한 나머지 붉으락푸르락했다고 한다. 이 전문은 미국 대사를 거쳐 워싱턴 국무장관에게 보고됐다. 윌슨 대통령은 2월 27일 오전 11시, 이에 대해 고위 관계자들과 협의했다. 그리하여 분노한 윌슨은 신문을 통해 이 사실을 공표하기에 이르렀다. 그때까지 유럽전쟁(제1차 세계대전)을 강 건너 불구경하듯 여기고 있던 미국 여론은 들끓기 시작했다. 3개월 전만 해도 "국민을 전쟁에 내모는 것은 문명에 대한 범죄"라고 공언했던 윌슨 대통령 결심도 흔들리기 시작했다.

드디어 4월 2일 윌슨은 "정의는 평화보다 더 귀중하다"라고 선언하고, '민주주의를 방위하기 위한 단호한 행동'을 의회에 요구하기에 이르렀다. 의회는 즉각 대(對)독일 선전포고를 승인했고, 미국은 수백만 명의 신예 병력을 유럽 전선에 투입했다.

이처럼 영국 해군성의 암호 해독반은 미국을 참전시킴으로써, 전쟁을 승리로 이끄는 데에 크게 공헌했다.

제1차 세계대전은 암호 전쟁에서도 큰 전환의 계기로 작용했다. 그때까지 암호 해독은 전쟁 수행에 있어서 보조적인 역할만 담당했다. 그러던 현실이 여러 사건을 통해 주역 지위를 확보하게 된 것이다.

한편 본문 서두에 출제된 '문제 2'의 정답은 ③번(8일 Ypres)이다. 전투 예정 날짜(8TH)가 얼굴·모자(8)와 담배 연기(TH), 지명(Ypres)이 넥타이·파이프·손·코로 표현되었다.

9346	*Bitte*	Please
9559	*den*	the
33464	*Präsident*	President
15874	*darauf*	of this
18502	*hinweisen*	point to
18500	*comma(,)*	comma(,)
15857	*dass*	that
2188	*rücksichtslos*	ruthless
5376	*Anwendung*	employment
7381	*unserer*	our
98092	*U-Boote*	U-boats
16127	*jetzt*	now
13486	*Aussicht*	prospect
9359	*bietet*	offers
9220	*comma(,)*	comma(,)
76036	*England*	England
14219	*in*	in
5144	*wenigen*	few
2831	*Manat-*	month-
17920	*en*	s
11347	*zum*	to
17142	*Frieden*	peace
11264	*zu*	be
7667	*zwingen*	compelled
7762	*stop(.)*	stop(.)
15099	*Empfang*	Receipt
9110	*bestaetigen*	acknowledge
10482	*stop(.)*	stop(.)
97556	*Zimmermann*	Zimmermann
3569	*stop(.)*	stop(.)
3670	*Schluss der Depesche*	End of dis-patch

침메르만의 숫자 암호 해독문
숫자마다 일정한 단어가 정해져 있다

암호의 구성원리

인체 그림문자

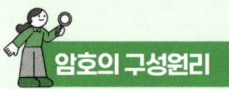

인체나 옷을 이용해 숫자와 철자를 표기하는 암호법이다. 마치 숨은그림 찾기처럼 인체 특정 부위나 의복을 통해 정보를 전달한다. 이 경우 어린아이가 어설프게 그린 것 같은 속임수를 쓰곤 한다.

풍향 암호와 진주만 기습

문제

구르스 : 여보세요. 여기는 구르스입니다.

야마모토 : 오늘은 그 결혼문제가 어떻게 되었습니까?

구르스 : 어제 후미코 상이 말한 것에 별다른 변화가 없습니다. …전반적 형세는 어떻습니까? 아들을 낳을듯합니까?

야마모토 : (단호한 어조로) **그렇습니다. 곧 득남할 듯합니다.**

구르스 : (깜짝 놀라 다시 한번 확인하고자) **어떤 방향에서 말입니까?** (은어로 표현할 것을 잘못했다는 듯 당황한 침묵 끝에) **사내아이입니까 계집아이입니까?**

야마모토 : (웃으면서) **튼튼하고 힘이 센 사내자식 같답니다.**

1941년 11월 27일 밤의 일이다. 긴급히 미국으로 날아간 일본 특파대사 구르스(來栖)는 전화로 일본 도쿄의 야마모토 이소로쿠(山本五十本) 연합함대사령관과 위와 같은 대화를 나눴다. 물론 은어(隱語)를 사용했다. 마지막에 야마모토가 말한 암호는 무슨 뜻일까?

① 일본 왕실이 곧 영국 왕실과 결혼할 것 같다.

② 분명코 (미국과) 전쟁을 하겠다.

③ 일본 왕실에서 곧 후계자(아들)를 낳을 것 같다.

④ 기필코 (미국과) 동맹을 맺어야 한다.

일본이 미국을 선제공격한 이유

1941년 10월, 일본에서는 제3차 근위(近衛) 내각이 무너지고 일왕 히로히토(迪宮裕仁)는 도죠 히데키(東條英機) 육군 대장에게 새로운 내각을 꾸미도록 하명했다. 그에 따라 각료들이 새로 선임되었고, 외상(外相)에는 토오코오 도고(東鄕茂德)가 취임했다.

그런데 신임 외상인 도고가 업무 시작과 동시에 가장 먼저 부른 사람은 차관이나 행정국장이 아니라 뜻밖에도 전신과장(電信課長)이었다. 거기에는 이유가 있었다. 도고 외상은 1931년 미국 암호전문가 헐버트 야드레가 쓴 《미국의 블랙 챔버》를 읽었는데, 치열한 암호 전쟁을 다룬 이 책에서 1920년 일본 외교 암호가 여지없이 미국에 살

살이 들통 난 에피소드를 감명 깊게 기억하고 있었다.

도고 외상은 가메야마(龜山一二) 전신과장에게 현재 사용하는 외교 암호는 안전하냐고 물었다. 가메야마 과장은 확신했다.

"이번만은 완전무결합니다. 마음을 놓으십시오."

가메야마 전신과장의 보고는 도고의 마음을 흡족하게 했다. 이제 미국은 두렵지 않다고 생각하니 선배들의 참패를 만회해야겠다는 전의가 불타올랐다. 도죠 내각은 평화에의 마지막 희망마저 저버리면서 전쟁의 소용돌이로 서서히 접근해 갔다.

그해 11월 5일, 일본은 워싱턴의 노무라(野村) 대사에게 최종 양보 조건을 제시한 제2 협상안을 시날했다. 같은 날 야마모토 사령관은 연합함대 작전명령 제1호를 내리고 하와이 진주만 공격계획을 정식으로 하달했다.

일본은 애초 미국과 싸울 의사가 없었다. 그들은 미국이 아니라 동남아시아를 원했다. 인도네시아와 말레이반도를 손에 넣을 수만 있다면 일본의 산업 경제에 필요한 주석·고무·석유 따위 원료를 확보하여 사실상 경제 자립을 이룩할 수 있다고 판단했기에 굳이 미국과 싸울 필요가 없었다. 하지만 형세는 그렇게 진행되지 않았다. 프랑스·영국·미국이 각기 자신들의 식민지인 인도네시아·말레이·필리핀을 지키려는 움직임을 보였다. 그래서 야마모토 사령관을 주축으로 한 일본 전략가들은 대담한 전쟁 계획을 세웠다. 태평양 확전의 주된 상대국으로 예측되는 미국을 초기에 기습적으로 침략해 무력화하자는 작전이었다.

그리하여 진주만 공격을 위한 전략이 수립됐는데, 미국의 주요 도시 중에서 선제공격 목표로 진주만이 선택된 데에는 나름의 이유가 있었다. 일찍이 1932년 2월 7일, 일본은 미국 해군의 진주만 방어능력 점검훈련 때 하와이 각지의 정보원과 진주만 앞바다에 있는 일본 어선을 통해 훈련 상황에 관한 정보를 보고받았던 적이 있었다. 일본은 이런 정보를 바탕으로 미 태평양함대 격파에는 진주만 기습이 최선이라고 판단했다.

풍향 암호를 정한 까닭

11월 7일, 일본 연합함대사령부는 각 함대에 개전(開戰) 날짜를 한 달 뒤인 12월 8일로 통보했고, 32척의 미나미구모(南雲) 기동부대는 한 척 한 척 비밀리에 일본 땅을 떠나갔다. 이들의 집결지는 지시마(千島)열도 히도카프만(灣)이었다.

일본은 미국의 암호 능력을 무시하지 않았다. 일본 지휘부는 함대를 출항시키면서도 함대의 무전사(無電士)들은 본토에 잔류하여 종전과 같은 방법으로 무선을 치도록 명했다. 무선사가 전신을 치는 버릇은 마치 필적(筆跡)과 같아서 계속 들어온 사람이면 누가 친 것인지 분별해 낼 수 있음을 감안한 조치였다. 만약 이동하는 함대를 따라서 무선사가 가버리면 새 무선사가 타전해야 하고 낯선 손놀림의 무전을 상대 국가가 들으면 이동을 눈치채므로 이런 보안 위장 전술을 쓴 것이다.

기동부대가 지시마에 집결하고 있을 무렵, 일본 외무성은 전쟁이 어디서 어떻게 일어날지 몰라 긴장했다. 목표는 미국이지만 소련도, 영국도 일본에 매우 적대적이었기 때문이다. 그래서 긴급 라디오 방송 요령을 작성하여 11월 19일, 다음과 같은 2353번전(番電)을 워싱턴 대사관에 통보하였다.

"사태가 긴박할 때의 특수 메시지 방송에 관하여 통보한다. 외교 관계 단절 위험이 박두했을 때 일본어 방송에서 다음과 같은 경보로 알린다.

① 일미(日美) 관계의 위기…동풍에 비

② 일소(日蘇) 관계의 위기…북풍에 구름

③ 일영(日英) 관계의 위기…서풍에 맑음

본 신호는 기상예보 방송 중에 삽입하여 두 번 반복한다. 이 방송을 듣는 즉시 암호서를 폐기할 것."

이 풍향(風向) 암호는 일본 위치에서 보아 나침반 방위와 일치했다. 즉 미국은 동쪽, 소련은 북쪽, 영국은 서쪽에 위치한 바, 그에 연유하여 위와 같이 암호를 정했다.

하와이를 향하여

11월 20일, 노무라 주미 대사와 방금 일본에서 날아온 구르스 특파대사는 미국의 헐 국무장관을 방문하고 일본의 최종 요구인 제2안을 제시했다. 요구안의 골자는 미국이 종래 정책을 변경하여 일본이 필요로 한 만큼 석유를 공급하고, 중국에의 간섭 중지를 요구하는 내용이었다. 미국으로서는 받아들이기 힘든 조건이었다. 그래서 미일(美日)전쟁까지의 시간적 거리는 이제 날(日)에서 분(分) 단위로 빠르게 줄어들었다.

11월 25일, 야마모토 사령관은 하와이로 향하는 기동부대에 출격 명령을 내렸다. 이튿날 아침 6시, 항공모함 6척과 전함 2척을 포함한 정예전투함 32척이 히트컵만을 출항했다.

이 함대는 하와이로 은밀히 접근하기 위해 상선(商船) 항로를 피하여 북태평양의 거친 파도를 헤치면서 진격하였다. 만약 이들의 비밀진격이 12월 6일 전에 미국에게 발각되면 바로 진로를 돌려 복귀하고 7일에 발견되면 공격할 것인지, 철수할 것인지를 미나미구모 사령관의 결단에 일임했다.

엄중한 무선봉쇄령이 내려지고 철저히 지켜졌다. 예컨대, 전함 히에이(比叡)에서는 통신장(通信長) 고우치(高內和義) 중령이 발신기 중요 부분을 해체하여, 나무상자 속에 넣고 그것을 베개 대신 삼아 베고 잤을 정도였다.

11월 27일 밤, 워싱턴의 구르스 대사는 도쿄의 야마모토에게 헐 국무장관과의 회담 결과를 보고했다. 물론 은어를 사용한 대화였다. 이를테면, 미국 대통령을 '기미코상(君子嬢)', 미국 국무장관을 '후미코상(文子嬢)', 미일교섭(美日交渉)을 '구혼(求婚)'으로, 위기(危機)로 인한 절박한 상황을 '득남(得男)', 중국 문제는 '샌프란시스코' 등으로 은어화하여 통신하였다. 앞서 문제로 제시한 대화는 미국 암호 해독반이 도청한 대화 내용이며, '전쟁을 일으키겠다'라는 뜻이었다.(정답 ②)

이런 통화가 오가던 날, 일본 외무성은 주요 해외공관에 별도의 은어 암호를 시달하였다. 풍향 암호가 통신두절 직전에 사용할 계획이었던 것에 비해, 별도의 은어는 위기 설박 정도가 약간 가벼운 단계를 위해 만들어졌다. 그 실례를 들면 다음과 같았는데 주로 흔한 일본인 이름을 빌렸다.

아리무라 = 암호통신 금지

핫도리 = 일본과 어느 다른 나라와의 위기

고다마 = 일본

구보다 = 소련

미나미 = 미국

외무성은 이 은어에 의한 전보를 다른 은어와 구별하기 위해 문장 끝에 일본어의 끝 표시인 '오와리' 대신 영어의 '스톱'으로 표시하

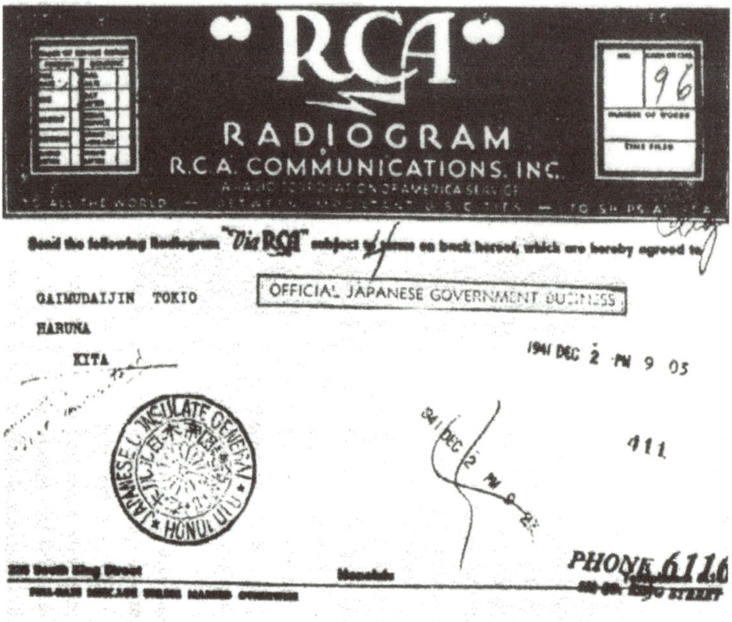

RCA
RADIOGRAM
R.C.A. COMMUNICATIONS, INC.
96
Send the following Radiogram "Via RCA" subject to terms on back hereof, which are hereby agreed to
OFFICIAL JAPANESE GOVERNMENT BUSINESS
GAIMUDAIJIN TOKIO
HARUNA
KITA
1941 DEC 2 PM 9 05
411
PHONE 6116

하루나 암호
왼쪽 중간 부분에 HARUNA(하루나)라는 글씨가 보인다.

라고 지시하는 치밀함을 보였다.

미국 해군의 암호 해독 상황

그 이튿날인 11월 28일, 미국 해군은 9일 전에 수신한 일본의 J19 전자(轉字) 암호를 해독하고 풍향 암호 내용을 파악하기 위해 고심하였다.

진주만에 있는 미군 정보 책임자 로쉬포드는 정세 긴장을 나타내는 불쾌한 증거를 잡아내고 안절부절했다. 로쉬포드는 그 무렵 일본 해군이 2백 개 이상 무전 회선을 남쪽 지방으로 돌린 데다 통신량이 급격히 증대하였음을 심상치 않게 여겼다. 정보참모 레이튼도 로쉬포드 의견에 동조했다. 레이튼은 일본 주력 항공모함 2개 전대(戰隊)가 3주 동안 통신 첩보에 걸려들지 않음을 이상히 여기며 초조해했다. 혹시 항공모함이 일본 본토 수역에 없을지도 모른다고 의심했지만, 그 구체적인 증거는 아무것도 없었다.

12월 1일, 일본 측 호출부호가 삽삭스레 변경되었다. 이에 따라 미국 측 암호 해독반이 고충 끝에 만들어 낸 통신 첩보 작업은 무너져 버리고 다시 한번 괴로운 작업에 착수해야 하는 상황이 발생했다. 그뿐이 아니었다.

일본 측 통신 관제는 한결 까다로워졌으며 발신 전보는 동시다발적으로 함대 전체로 송신됐고 모든 함대가 동시에 수신했기에 함정별 식별은 더욱 곤란해졌다. 그런데다 일본 무전사들은 옛날 호출부호를 사용하여 밀려있던 통신을 한꺼번에 띄우는 방법으로 12월 1일 이후 그 소재를 가늠할 만한 통신량 자체도 묻어버렸다.

그리하여 12월 7일까지도 로쉬포드는 '일본의 잠수함, 항공모함에 대한 정보는 전혀 없음'이라고 보고할 수밖에 없었다. 미국 암호 해독요원들이 일본의 새로운 암호 방식을 풀어낸 것은 전쟁이 일어난 직후인 12월 8일이었다.

한편, 하와이의 일본 총영사관은 12월 2일 본국으로부터 J19암호로 짜인 다음과 같은 2445호 전문을 받았다.

> 내용이 외부에 누설되지 않도록 주의하고, 귀하는 즉시 다음과 같은 조치를 취할 것.
>
> ① 암호(PA-K2), L암호(LA) 한 권씩을 제외하고 모든 암호서와 난수표를 소각할 것
>
> ② 앞서 명기한 조치가 끝나면 '하루나'라고 발신할 것
>
> ③ '비(秘)'부호의 전보철을 전부 소각할 것
>
> ④ 같은 방법으로 모든 비밀서류를 소각할 것
>
> 외부에서 의심하지 않도록 극비로 행하기를 재삼 당부한다. 이러한 조치는 사태 긴박성을 요하므로 귀하는 은밀히 영사관 안에서 임무를 수행하길 바란다.

이 지령은 충실히 이행되었다. J19를 포함한 모든 암호서는 즉각 소각되었고, 그날 저녁 기다(嘉多) 총영사는 임무 완료를 알리는 '하루나'를 타전하였다. 하여 이후 영사관의 암호 요원 쓰기가와(月川左門)는 스파이 요시가와와 모리무라가 수집해온 정보를 보안 강도가 낮은 PA-K2 암호로 보내야 했다.

도라 도라 도라와 선전포고

12월 7일 일요일 아침 7시 53분(하와이 시간 기준), 진주만 근해에 진입한 일본 함대로부터 연합함대사령부에 은어 전보인 '도라 도라 도라(虎 虎 虎)'가 발신되었다. 일본군이 진주만 기습공격을 알리는 신호로서 기습부대에 시달한 암호는 '니다카야마 노보레(新高山에 오르라)'였고, 진주만 기습공격 성공을 일본 정부에 보고한 은어 암호는 '도라 도라 도라'였다. 2분 후인 7시 55분, 일본 폭격기가 발사한 최초 폭탄이 포드 섬 남단 수상기 계류장에 떨어져 불기둥을 올렸다. 완전 기습을 확신한 후치다는 신호 권총을 쏘아 전 비행대에 기습 전투 개시를 명했다. 9분 후 지휘관기로부터 '전군 돌격'을 의미하는 '도도도' 암호가 타전되었다.

한편 같은 날 워싱턴 기준 12시 30분경 노무라 대사는 시각에 잔뜩 신경 쓰며 몇 번이나 문을 열고 타이피스트 오쿠무라에게 재촉하였다. 그럼에도 약속된 접견 시각인 오후 1시까지는 도저히 불가능할 것 같자, 노무라는 헐 장관에게 전화로 문서 준비 때문에 회견 시각을 오후 1시 45분으로 연기해 달라고 요청했다.

헐 국무장관이 그 요청을 받아들인 바로 그 시각은 후치다(淵田) 중령이 이끄는 급강하폭격기 51대, 수평폭격기 49대, 뇌격기(雷擊機) 40대, 전투기 43대의 대부대가 이미 진주만 상공에 도착했을 때였다. 전함 오크라호마가 어뢰에 맞아 전복하고 웨스트버지니어가 대형 철

진주만 영화 포스터
일본은 미국 하와이 진주만 공격을 전후하여 풍향 암호를 사용했다.

갑폭탄에 파괴되고 애리조나가 승무원 1천 명을 태운 채 폭발하고 있을 때 워싱턴의 오쿠무라는 열심히 타이핑하고 있었다.

워싱턴 기준으로 오후 1시 50분, 하와이 공습이 개시된 지 25분이 지난 후에야 오쿠무라는 타이핑을 끝냈다. 초조히 현관에서 기다리고 있던 노무라 대사와 구르스 특파대사는 이 통고문을 들고 국무성으로 차를 몰았다. 국무성에 도착한 노무라는 멈칫거리면서 암호를 푸는 그 시간이 너무 걸려 정부가 훈령한 1시 수교가 늦어졌다고 변명한 후에야 헐 국무장관에게 통고문(선전포고)을 내밀었다. 헐 국무장관은 통고문을 읽는 척만 했을 뿐 사실은 읽지 않았다. 이미 그 내용을 알고 있었기 때문이다. 두 사람이 국무성에 도착하기 직전, 헐 국무장관은 대통령으로부터 "일본이 진주만을 기습했다는 보고가 들어왔다"라는 내용의 전화를 받았던 차였다.

잠시 후 헐 국무장관은 두 사람을 쏘아보며 모욕적인 손짓으로 나가라고 했다. 두 대사는 말없이 고개를 숙인 채 나가버렸다.

기습공격과 선전포고 간격을 최대한 좁히려 했던 일본 군부의 희망은 하와이 기습의 폭연(爆煙) 속에 소멸됐고, 일본은 경고하지 않고 전쟁을 개시한 처지가 되었다. 결국 개전 통고가 없었던 문제는 종전 후 도쿄 전범재판에서 추궁되어 여러 전쟁범죄자에게 가중형으로 되돌려졌다.

기습이 불러온 일본의 패망

일본 기준 12월 7일 호놀룰루가 아직도 공습 참화에 뒤죽박죽됐을 때 미국 전신 요원들은 일본 방송국으로부터 일본어 방송을 수신하고 있었다. 일본 아나운서는 먼저 진주만에서의 결정적 승리를 자랑스럽게 보도하고 몇 가지 소식을 전달한 다음, 일기예보를 전했는데 그 가운데 '서풍에 맑음'이란 대목이 있었다.

미국 해군정보부 번역관은, "내가 아는 한 이런 종류의 기상예보는 이전에 없었다"라고 말하면서 무슨 암호임에 틀림없다고 추측했다. 그랬다. 이것은 일본이 해외공관에 대해 (미국은 물론) 영국과도 전쟁 상태에 돌입했음을 전달하고 암호 파기를 재촉하는 암호였다.

사상 최대 사기 수법에 의한 참극은 얼핏 성공한 것처럼 보였다. 진주만에 정박 중이던 미국 전함 8척이 모두 피해를 입었고, 수많은 함정이 파손되었으며, 180대가 넘는 항공기가 파괴되었다. 또 2천 명 넘는 미군 장병이 죽었고, 부상자도 1천 명이 넘었다. 참으로 엄청난 손실이자 참상이었다. 그러나 일본의 공격은 한 가지 중요한 점에서 실패했다. 일본이 진주만을 공격했을 당시 태평양함대의 항공모함 3척은 바다에 나가 있어서 피해를 면했고, 이 항공모함들은 그 후 미국 해군의 초기 태평양 방위체제에서 핵심이 되었다. 진주만 해안에 있는 군사시설과 유류 저장 설비도 피해를 면했다.

일본의 더 큰 착오는 미국의 여론추세였다. 기습공격 이전만 하더라도 미국은 유럽전쟁(제2차 대전)에서 중립을 지켜야 한다는 쪽과 참전해야 한다는 의견이 팽팽히 대립했는데, 일본이 예고 없이 감행한 진주만 기습공격이 미국인을 단결시켰다. 12월 8일 미국 의회는 일본에 선전포고했으며 이에 반대한 의원은 단 한 명뿐이었다.

미국 참전 이후 미국 선진 기계문명과 우수한 인적 자원은 암호기술에서도 일본을 누르는 데 큰 역할을 했다. 미국의 암호 해독반은 일본의 기습을 사전에 알아채지는 못했지만 1천3백50일 동안에 걸친 치열한 전쟁 도중에 눈부신 재능과 노력으로 마침내 위대한 전과를 꽃피우는 저력을 보여주었다.

암호의 구성원리

풍향 암호

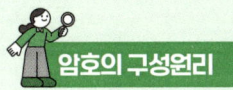

방향을 이용해 대상물의 상태를 알리는 기법이다. 이 경우 방향의 기준점을 작성자로 할 수도 있고 암호 접수자로 삼을 수도 있지만 대부분 보고 내용에 따라 결정된다. 예컨대, 대한민국을 기준으로 할 경우, 북쪽은 러시아, 남쪽은 일본, 서쪽은 중국, 동쪽은 미국이다. 같은 맥락에서 일기예보 방식을 응용해 맑음 · 흐림 · 구름 따위를 좋음 · 나쁨 · 장애 발생의 표현으로 삼는다.

풍향 암호는 단순한 암호 기법이지만 활용하기에 따라 이중성을 가미할 수도 있다. 이를테면 깃발의 흔들림이나, 온도 · 습도 따위로 또 다른 뜻을 나타낼 수도 있다.

제2차 세계대전 중 미국 암호 전략

문제

作心三2 百4百中 3嫁外人 1顚八起

1931년 9월 7일, 적국의 한 도시 건물에 잠입해있던 중국 스파이 3명이 본국 정보부로부터 위와 같은 내용의 암호를 받은 뒤 허겁지겁 짐을 챙겨서, 건물 바깥을 조심스레 살피며 자리를 떠났다. 다음 중 무슨 내용이기에 그럴까?

① 3명이 탄환 100개를 가지고 건물 바깥으로 나가라.

② 작전이 실패했으니 즉시 본국으로 오라.

③ 건물 밖에 감시인 세 명이 있으니 조심해서 탈출하라.

④ 7일에 그곳을 떠나라.

제2차 세계대전은 제1차 세계대전에 비할 바 아닌 그야말로 암호에 의해 승패가 갈린 전쟁이었다. 치열한 암호 공방은 초기만 하더라도 독일이 우세했다. 나치스 독일은 군국주의 국가 중에서 가장 비밀조직이 견고하기로 정평 났을 정도였다. 그만큼 비밀경찰이나 첩보조직도 완전무결하여 첩보용 암호의 비밀 보안이 잘 지켜졌고, 그 부서를 담당한 사람들 역시 암호체계에 상당한 연구와 노력을 기울여 제2차 세계대전 당시 연합군에게 많은 고통을 주었다.

그러나 미국 참전 이후 상황이 바뀌어 연합군이 주도권을 잡았다. 특히 전쟁 막바지에 이르러 연합군에 의해 독일 암호가 대부분 해독됨으로써 막강하던 독인 신형 잠수함 U보트가 연달아 격침되는 등 끝내는 독일 패망으로 치닫게 되었다.

독일 동맹국인 일본 암호 기술도 상황은 마찬가지였다. 어설픈 첫 출발 이후 제법 복잡한 단계까지 발전했으나 결과는 판정패로 끝났다. 일본군의 암호 해독은 1925년 해군 군령부 제4부에 신설된 특무반에서 은밀히 시작됐다. 그때 인원은 서기까지 포함해서 겨우 6명에 불과했다. 일본은 특유의 모방하여 따라잡기로 암호 기술을 터득하였다.

일본의 암호특무반은 폴란드에서 초청해온 코와레프스키 대위의 지도를 받으며 미국무성의 'NADED'암호를 독파하는 데 성공했고 만주사변 중에는 중국 암호 해독에 성공했다. 중국 암호는 한자(漢字)를 네 자리 숫자로 바꿔 짠 것으로, 민간에도 팔고 있는《명밀마전문(明密碼電文)》이란 책을 기준으로 했기에 해독은 그다지 어렵지 않았다.

일본은 미국 암호 기술을 훔치기까지 하였다. 1937년 연말의 어느 날 밤이었다. 자물쇠를 잘 여는 전문가를 앞세운 일본 헌병팀이 고베(神戶) 소재 미국 영사관에 침입하여 M138 암호 기계와 갈색 암호 기계를 사진 촬영해갔다. 이후 일본의 암호반은 급격히 증원됐다. 전쟁 말기에는 수천 명을 거느리는 큰 조직으로 커졌고, 미신 때문에 여자를 기피하기로 유명한 일본 해군이 이례적으로 미국 교포 2세 여성을 30명이나 채용했다. 이들은 미군의 무선전화 수신에 모두 동원되었다.

그러나 미국에 관한 한 일본의 암호팀은 만족할 만한 성과를 얻지 못했다. 일본의 암호 해독반은 미국팀·중국팀·소련팀으로 구분됐는데, 미국팀은 겨우 하급 암호의 극히 일부만을 해독했을 뿐 중급·상급 암호는 엄두도 내지 못했다.

그런데 일본은 암호 기술만 미국에 뒤진 게 아니었다. 심리전에서도 일본은 미국을 앞서지 못했다. 대표적인 사례가 상대국가의 암호 능력 평가였다. 예컨대, 미국 암호 해독반은 아메리카대륙 밖에서 수신한 정보는 반드시 그 내용을 미국 암호로 바꿔 무전으로 워싱턴에 보내는 번거로운 방법을 취했는데, 미국의 암호 해독 작업을 일본이 알아챌 수 없도록 하려는 조치였다. 이에 비해 일본은 전쟁이 끝날 때까지 자신들의 암호 능력을 자만했고, 미국 암호도 제대로 풀지 못했다. 자신들이 미국 암호를 풀지 못한 만큼 미국도 일본 암호를 풀지 못하고 있을 거라 믿으면서 말이다.

미국의 검열기관이 취한 조치들

연합국 중에서도 암호 해독에 있어 주도적 역할을 한 나라는 미국이었다. 1941년 일본의 기습적인 진주만 폭격에 분개하여 제2차 대전에 끼어든 미국은 무엇보다도 번서 암호의 중요성을 인식하고 그에 따른 방안을 마련했다. 암호 해독요원을 늘린 것도 그 일환이었다. 제1차 대전에서 미국 육해군의 암호 관계 요원은 약 4백 명으로 장병 1만 명당 한 사람꼴이었던 데 비해 2차대전에서는 그 40배나 되는 요원 1만6천 명이었고 그 비율은 장병 8백 명에 한 사람꼴이었다.

미국은 암호 해독 못지않게 기밀 유출 단속에도 신경 썼으며, 파이런 프라이즈 검열국장의 지휘 아래 검열기관을 급히 만들었다. 이 조직은 날이 갈수록 커져 검열관 총수가 무려 14,462명이나 되기에 이르렀다.

이 검열기관에서는 날마다 외국으로부터 오는 편지를 사전에 개봉 검열했다. 무수히 오가는 전화의 목소리 및 내용을 도청하는가 하면, 영화나 잡지, 심지어 라디오드라마 각본까지 검열했다.

아울러 검열기관은 의심이 갈 만한 걸 일절 배제하기 위해, 지정한 것 이외의 통신 연락 수단을 이용하지 못하게 했다. 편지를 통한 국제 체스 시합이나, 크로스워드 퍼즐을 두고 이러쿵저러쿵하는 것마저 금지했다. 신문으로부터 오려낸 기사를 편지에 넣어 보낼 수도 없게 했다. 그 가운데에 불가시 잉크로 별도의 통신문을 적어 보낼 수도 있기 때문이다.

그뿐만 아니라, 학생 성적표를 편지에 동봉해서 보낸다든지, 체크무늬 편물 따위 통신강의도 금지했다. 때 묻은 우표도 그 밑에 무언가 적어놓지 않았는지 살피기 위해, 일단 떼 내어 조사하고 대신 새 우표를 붙인 적도 있었다. 신문의 '구인 광고'도 관찰 대상이었다. 사람을 모집하는 광고를 통해 첩보원에게 명령을 전달하거나 반대로 첩보원이 본부에 보고하기 쉬운 까닭이었다.

이런 조치들은 두말할 것 없이, 검열관의 시간과 일손을 덜기 위함이었다. 아무리 검열관 수가 많다고 할지라도, 그 많은 간행물이나 통신이나 대화들을 일일이 점검할 수 없는 일이기 때문이다.

검열관이 판독할 수 없는 것도 규제 대상에 포함되었다. 가령, "흰 난초 세 송이를 일요일에 마누라에게 갖다주었으면 한다"라는 꽃 주문이 있을 경우, 그 가운데에 혹시 비밀통신이 감추어져 있지 않을까 해서 검열국에서는 꽃 이름과 발송 날짜를 전문에서 없애버리고 발신할 정도로 철저히 정보 누출을 차단했다.

또 회계상 대차대조표가 나오면 이를 회계사들에게 보여, 이게 진짜 대차대조표인지 아닌지 혹은 그 안에 비밀 암호문이 들어있는지 확인하기도 했다.

이런 일도 있었다. 뉴욕의 한 검열관은 당시 미국 수영 챔피언 거투르두 기록이 적힌 편지를 발견하고 얼마간 고심했다. 그래서 같은 곳에서 근무하는 수영 전문가에게 이 기록표를 보였다. 수영 전문가가 불가능한 속도를 나타낸 기록으로 보인다는 의견을 내놓자, 검열국은 다시 주도면밀히 검토했다. 그 결과 그 수치는 단순한 수영 기록이 아니라, 새로 개발된 전투기 속도를 나타내고 있음을 알아냈다. 그뿐만 아니라 이 비행기 공장이 적의 폭격대상이 돼 있음도 밝혀내는 성과를 거뒀다.

미드웨이 대전의 승리

미국은 여러 전투에서 암호 해독의 덕을 단단히 보았다. 일본에게 치명상을 입힌, 1943년 동인도 제도에서 일본 본토로 돌아오는 110척에 달하는 대규모 유조선단을 격침한 사건은 전적으로 암호 해독반 공로였다. 그 외에도 미드웨이 대전 승리, 야마모토 탑승 비행기 격추, U보트 격멸 등이 암호 해독반 공적이었다.

그런데 암호문의 90% 이상 내용을 해독해도 결정적으로 중요한 단어 하나를 해독하지 못해 아무 소용 없을 때도 있었다. 이 순간에

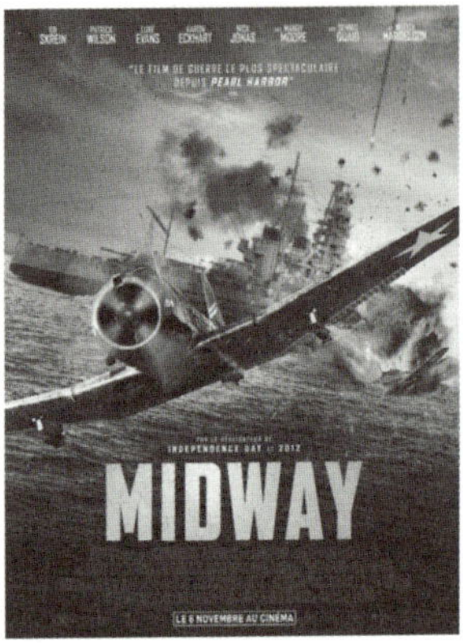

미드웨이 해전 영화 포스터
제2차 세계대전의 승패를 가른 결정적 계기가 되었다.

재치 있는 지혜가 필요한데, 1942년 미국이 기세등등한 일본 해군을 격파한 미드웨이 해전에서 이런 기지가 발휘되었다.

미드웨이섬 일대는 아메리카대륙과 아시아대륙 중간 지점이어서 미국과 일본 모두에게 전략적으로 가치가 높았다. 미국은 일본 암호문을 90% 이상 해독하는 상황이어서 곧 일본의 대대적인 공격이 감행될 예정임을 알고 있었다. 그리고 공격 지점이 미드웨이라고 짐작했다. 하지만 정확한 증거가 없었다.

1942년 5월 어느 날 미국은 일본의 암호문을 해독했는데, 그 내용은 '공격 지점은 AF'였다. 미국은 AF가 어디인지 알기 위해 미끼를 던졌다. 일부러 "미드웨이의 증류수 공장 물 부족, 보급 필요"라는 문장을 일본이 포착할 수 있도록 무선으로 송신했다. 물이 없다면 일본으로서는 더없이 좋은 공격 기회인 셈이다. 만일 일본이 미드웨이를 공격하려 한다면 즉시 새로운 암호문이 전달될 상황이었다.

일본군은 미군의 미끼에 걸렸다. 일본군이 전달한 "적군 AF에서 물 부족"이라는 암호문이 미군에 포착된 것이다. 'AF=미드웨이섬'이라는 결론이 쉽게 내려졌다. 그 결과 6월 5일 야마모토 사령관이 이끈 막강한 일본 함대는 미드웨이 해상에서 미리 기다리던 미국 함대에 의해 완전히 괴멸됐다. 암호 해독 못지않게 대응능력이 얼마나 중요한지 명확히 일깨워주는 본보기라 하겠다.

야마모토를 제거하라

미드웨이 해전에서 대패한 지 1년 후 일본은 암호문이 해독된 탓에 또 한 번 커다란 타격을 받았다. 일본 태평양함대 사령관 야마모토의 탑승기가 피습된 사건이었다.

1943년 봄, 야마모토는 부하 장병의 사기를 북돋우고자 하루 일정으로 북부 솔로몬 시찰을 계획했다. 이에 일본군은 각 기지에 환영 준비를 하라면서 연합함대 사령관 순시 일정을 통보했다. 이때 일본군은 최고 지휘관의 안전을 위해 당시 널리 쓰이고 가장 견고한 JN-25로 암호문을 발신하였다.

하지만 미국은 운이 좋았다. 그 무렵 솔로몬에서 좌초한 일본 잠수함에서 JN-25 암호 해독서를 입수했다. 그에 따라 일본 암호문을 해독하니, 4월 18일 야마모토 사령관이 전투기 6대의 호위를 받으며 발라레를 순시한다는 내용이었다.

미군은 이 기회를 이용하여 야마모토를 제거할 것인지, 아니면 그대로 두는 게 유리한지 진지한 검토에 들어갔다. 만약 야마모토를 제거한다면, 야마모토보다 더 유능한 사령관이 부임할 가능성이 있고, 미국이 일본의 암호문을 해독하고 있다는 사실을 일본에게 알려주는 꼴이기에 매우 신중해야 하는 일이었다.

찬반양론이 격돌한 가운데 야마모토를 격추하기로 결론 내렸다. 야마모토는 일본 해군에서 독보적인 강력한 지도자이자 유능한 전략가로 평가됐기 때문이다. 또 일본 국민으로부터 군신(軍神)과 같이 존경을 받는 터였다. 다시 말해 야마모토보다 더 유능한 지휘관이 없을 뿐만 아니라 그의 죽음은 서양과는 달리 상관을 존경하는 일본인들을 심리적으로 크게 낙담시킬 거라는 분석이었다.

야마모토 탑승기 격추 명령이 오스트레일리아에 주둔하고 있는 남태평양사령관 하르제 해군 대장에게 전달되었다. 공격 방법은 순시선 기총소사와 비행기 공격 가운데 비행기 쪽을 택하였다. 그런데 이 계획은 야마모토 탑승기가 예정된 정확한 시각에 비행함을 전제하지 않으면 엉망이 된다는 모험을 감수해야 했다. 장시간 대기하기에는 미군의 비행기 연료가 부족했기 때문이다. 그럼에도 불구하고 비행기 공격을 감행한 데에는 야마모토의 기질을 감안했다. 야마모토는 시간 엄수에 철저해서 행동 계획이 단 1분 늦어도 호통친다는 성격을 믿은 것이다.

계획은 성공하여 야마모토 호위기를 따돌리고 야마모토 탑승기를 격추했다. 일본군은 섬의 깊은 밀림 속에서 군도를 든 채 죽어있는 사령관 시체를 찾아내어 근처 기지에 매장했고, 한동안 그의 죽음을 두고 어쩔 줄 몰라 했다.

일본 방송은 그런 일이 있은 지 약 한 달쯤 지난 5월 21일에서야 그 내용을 보도했다.

"야마모토 사령관이 본년 4월 전선시찰 도중 적과 교전하다 비행기 상에서 장렬히 전사했습니다."

아나운서 목소리는 슬픔과 절망에 떨렸고 그 짧은 메시지를 못다 읽어 중간중간 목이 메기도 했다. 미국의 예상대로 일본 국민은 야마모토 전사라는 슬픈 소식에 상당한 타격을 받았다.

그런데도 일본은 미국의 암호 해독능력을 간과하는 어리석음을 보였다. 야마모토 사망 후 또 한 번 미국의 기발한 아이디어에 넘어간 일이 있었다. 미군은 야마모토 격추 후에도 방심하지 않았으니, 일본이 미국의 암호 해독을 의심하지 않도록 손을 썼다. 솔로몬 제도에 산재했던 오스트레일리아 해안감시원들은 대개가 이중간첩들이므로 이들이 원주민들로부터 야마모토 순시 예정표를 입수했다는 소문을 이들 감시원에게 퍼뜨렸다. 이 소문은 예상대로 일본 지휘부에 전해졌고, 일본은 야마모토의 죽음은 '일본 암호가 해독된 탓이 아니다'라고 믿었다.

암호의 구성원리

한자(漢字) 암호

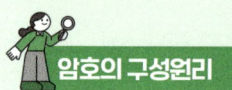

고사성어나 천자문을 이용하면 독특한 암호를 만들 수 있다. 만드는 방법은 다음과 같다.

- 전하고자 하는 내용을 네 글자로 정리한다. 여기서는 '七日出發(칠일출발)'로 한다.
- 네 글자가 들어가는 고사성어 네 개를 찾아 나열한다.
- 七顚八起(칠전팔기) 作心三日(작심삼일) 出嫁外人(출가외인) 百發百中(백발백중)
- 고사성어에서 해당 키워드를 물음표로 바꾼다. ?顚八起 作心三? ?嫁外人 百?百中
- 고사성어에서 해당 키워드를 숫자로 바꾼다. 1顚八起 作心三2 3嫁外人 百4百中
- 해독이 어렵게끔 고사성어 위치를 바꾼다. 作心三2 百4百中 3嫁外人 1顚八起

해독하는 사람은 고사성어에 들어갈 한자를 찾은 다음, 수의 순서대로 나열하여 암호를 푼다.

위와 같은 원리로 본문 서두 문제를 풀면 七日出發(칠일출발)이 나오는 바, 스파이들은 명령에 따라 7일인 그날 즉시 그곳을 떠났다.(정답 ④)
이외에도 천자문을 암호표로 삼아 네 글자 중에서 한 글자씩 키워드로 만들 수도 있다.

PA-K2와 J시리즈, 그리고 퍼플 암호

문제

BYDH DOST JE YO IA OQ GU RA HY HY UQ VI LA YJ AY EC TY FI BANL

1941년 12월 4일, 하와이 진주만에서 활약 중인 일본 스파이가 본국 외무 대신 앞으로 위와 같은 암호 전문을 보냈다. 이 암호는 무슨 뜻일까?

① 항공모함 2척이 어제저녁 입항하였다. 티바늘

② 지금 진주만을 기습 공격하기에 매우 좋은 상황이다.

③ 진주만 기습공격을 며칠 늦추는 게 좋을 듯하다.

④ 4일 1시 호놀룰루형 경순양함이 갑자기 출항하였다. 모리무라

첩보를 믿지 않은 일본

1941년 봄의 일이다. 미국 FBI는 암호 해독에 관한 정보를 외국에 팔려는 관계자를 한 명 검거했다. 그로부터 얼마 뒤인 4월 28일 오후, 주미 독일대사관 한스 톰젠 참사관은 미국이 알아채지 못했던 전보로 다음과 같은 놀라운 사실을 독일 정부에 보고했다.

"절대 확실한 소식통에 의하면 미국무성은 일본 암호체계 열쇠를 쥐고 있다. 그 결과 도쿄의 노무라 대사에게 보내는 전문(電文), 그리고 오지마 주독(駐獨)일본대사로부터 도쿄로 보내는 암호 전문을 해독하고 있다."

독일은 동맹국 일본에게 이 사실을 알려야 할지 며칠을 고민했다. 일본에 통보하는 과정에서 미국이 자신들 정보망을 파악할 수도 있는 위험성이 높기에 그랬다. 갈등 끝에 독일 정보당국은 이 정보를 베를린에 주재하고 있는 오지마 주독대사에게 알려주었다. 오지마 대사는 5월 3일, 자기도 이 경고 내용을 믿는다는 의견을 첨부하여 도쿄에 발신했다. 일본 정부는 즉각 워싱턴 주미 대사에게 무슨 심증이라도 있는지 확인, 보고하라고 지시했다.

상황이 급박히 돌아가자, 베를린-도쿄-워싱턴 간의 무선전신을 도청하던 미국 암호 해독자들은 불안감에 휩싸였다. 한 해 전인 1940

년, 영국·네덜란드에게 암호를 간파당하고 있음을 눈치챈 일본이 당시 사용 중이던 J12 암호를 전격 폐기했던 사실을 잘 알고 있는 터였기 때문이다.

그런데 미국 입장에서 보면 천우신조의 일이 벌어졌다. 노무라 대사가 대사관에서 암호는 매우 엄격히 관리되고 있다고 본국에 타전한 것이다. 이런 대답을 받은 일본 외무성은 안심했고, 암호관리에 대한 보다 엄격한 규칙을 작성하는 선에서 더 이상 의심하지 않았다. 독일의 우정어린 경고는 아무런 보람이 없게 된 것이다.

그러던 5월 20일, 노무라 대사는 돌연 본국에 아래와 같은 내용의 전보를 보냈다.

"어떤 암호인지 확실히 모르겠으나 미국이 우리 암호 일부를 해독하고 있다는 걸 발견했습니다."

이 전문을 도취한 미국 해독반은 넋을 잃었다. 일본이 기존 암호를 폐기하고 새 암호를 쓰면, 작업을 다시 시작해야 하기 때문이다. 몇 달을 끙끙거리며 간신히 암호 규칙을 찾아냈는데 또다시 암호 규칙이 바뀐다면 참으로 기막힐 일이었다. 어찌 됐든 미국은 암호의 전면 갱신을 불가피하게 생각하며 일본 태도에 촉각을 기울였다.

그런데 며칠을 기다려도 일본은 같은 암호로 송신하였다. 미국의 암호 해독반은 그 암호문을 같은 절차로 해독하여 고위층에 보고하면서도 의아한 마음을 떨칠 수 없었다. 도대체 일본은 무슨 의도에서 같은 방법으로 계속 암호문을 발신하는 것일까?

일본의 이해할 수 없는 행동은 한 달 뒤쯤 밝혀졌다. 미국은 6월 23일, 일본 정부가 멕시코 주재공사에게 보낸 다음과 같은 훈령에서 그 이유의 일부를 파악했다.

"미국은 우리 암호의 일부를 해독하고 있으리라는 정황이 농후하다. 따라서 본건에 대해 최대한 주의해주길 바란다."

정말 믿을 수 없는 일이었다. 일본 외무성이 '암호가 해독되고 있는 것 같다'라는 첩보를 접하면서도 진실로 믿지 않은 이유는 무엇인가? 그것은 자만심에서 비롯된 오판이었다. 다시 말해 일본의 암호 개발자들은 자신들이 만든 암호를 난공불락으로 믿은바, 독일 정부와 주미대사의 거듭된 경고를 그럴 리 없다고 끝끝내 외면했다. 그러하기에 일본 외무성은 암호 취급 규칙을 조금 개정하고, 11월 25일부 지령으로 암호 기계의 암호 자판 오른쪽에 붉은 글씨로 '국가기밀(國家機密)'이라 주의 표지를 써넣으라는 엉뚱한 지시를 내렸을 뿐 암호 자체를 바꾸지 않았다.

일본의 암호체계

위와 같은 일본의 오판은 암호 기술 발전이 가져온 비극이었다. 제2차 세계대전 중 일본이 만든 암호체계는 시간이 지날수록 복잡다단해졌고, 그에 따라 일본 암호 기술자들은 대단한 자부심을 가졌다. 실제로 일본 암호체계는 본토에 있는 한 은행의 업무용 암호로부터 외교상 한자(漢字) 암호에 이르기까지 수도 많았고, 또 시기에 따라 다양하게 변동했다.

일본 암호는 크게 네 가지 암호 체계로 구별되었다. 일본은 이 체계별로 사안의 중요도를 판단한 다음, 우선순위로 해독작업을 진행했다.

가장 중요도가 낮은 암호는 '라 암호'로 통칭했다. 지시부호가 '라'였기 때문이다. 이 암호는 일본 가다카나 음(音)을 로마자로 바꿔 쓰고 군데군데 'CI', 'IF', 'CE' 등의 약속된 암호를 삽입하여 문맥을 흐려 놓는 방법으로 애용했다.

'라 암호'는 처음에는 그리 중요하지 않은 내용을 전달하는 외교암호로 사용되다가 점차 일본 해군 암호로 쓰였으며, 해군에서는 가다카나 문자로 만들어진 특수한 모스부호를 무선으로 보냈다. 서양인들이 일본어를 잘 모르리라는 판단에 따라 탄생한 암호였다.

그러나 이 암호는 즉각 미국에 간파되었다. 미국의 해군 암호 해독반은 일본의 모스에 숙련된 무선사로 하여금 무전을 수신시켜 가다카나 문(文)을 로마자 문(文)으로 옮겨 놓는 특수한 타이프라이터를 개발해서 일본 상황을 정확히 파악하였다.

'라 암호'보다 수준이 높은 것은 미국 해독자 간에 'PA-K2'로 불린 암호다. PA-K2 암호는 두 가지 혹은 네 가지 로마자로 내용을 작성하는 암호문이었다. 이를테면, 본문 서두의 출제 문제가 PA-K2 암호였다.

“BYDH DOST JE YO IA OQ GU RA HY HY UQ VI LA YJ AY EC TY FI BANL”

이 암호를 암호 자판 아래 나열하여 풀면 “4th gogo 1 keijun (honoluru)kata kyaku shutsu ko-morimura”가 된다. 로마자로 표기된 이 일본어를 다시 번역하면 “4일 1시 호놀룰루형 경순양함이 갑자기 출항하였다. 모리무라”가 된다.(문제 정답 ④)

PA-K2 암호는 다소 까다롭긴 해도 ‘라 암호’를 응용한 것이기에 고난도 암호라 볼 수 없다. 미국 암호 해독반은 통상 사흘 정도 시간을 투자해서 PA-K2 암호로 작성된 일본의 암호문 한 통을 성공적으로 독파했다.

미국에게 암호가 해독된다고 느낀 일본은 비밀문서를 더욱 어려운 암호로 보고하게끔 했다. 따라서 세계 각국에 주재한 영사(領事)가 본국에 보내는 보고서는 보다 높은 수준의 암호를 쓰는 게 관례였다. 그것을 일본에서는 ‘쓰(津) 암호’, 미국에서는 ‘J 시리즈’라 불렀다.

‘J 시리즈’는 PA-K2에 비기면 한결 복잡 난해한 데다 단기간에 바뀌곤 했다. 이를테면 J17-K6은 1941년 3월 1일에 J18-K8로 바뀌었고, 같은 해 8월 1일에는 다시 J19-K9로 바뀌었다. 미국 암호 해독반은 J 시리즈를 푸느라 고생이 많았다.

전자(轉字) 방법을 알아내기가 상당히 어려웠던 까닭이다. PA-K2처럼 암호 자판이 쓰이긴 했으나 가로줄이 아니라 세로줄로 되어 있고, 전자표(轉字表) 가운데 공백이 있다는 점이 달랐다. 미국이 이 공백형 전자법의 J18-K8를 수신하여 독파하는 데는 대략 1개월 소요되었다. 시간이 오래 걸리긴 해도 기어코 풀어냈다.

퍼플 머신
일본이 사용했던 암호 기계로
자주색 몸체 때문에 퍼플 머신으로 불렸다.

하지만 일본은 미국의 암호 해독능력 과소평가로 앞서 언급한 실수를 저질렀다.

'퍼플'은 J 시리즈보다 수준 높은 최고도 암호였다. 암호작성용 기계 몸체가 자주색(purple)이었으므로 미국에서는 '퍼플 머신' 혹은 '퍼플'로 통칭하였다. 이 자주색 암호 기계를 일본에서는 '97식 구문인자기(歐文印字機)'라고 불렀는데, 일본 해군이 독일에서 수입해 온 '에니그마(enigma)' 암호기를 외무성이 약간 고친 것이었다. 얼핏 보아 언더우드 전동 타자기를 두 개 나란히 놓아둔 것 같지만, 변경부(變更部)가 이 암호 기계 심장으로 26개 전선이 소켓에 연결되었다.

평범한 문장을 암호화할 때, 암호기사는 먼저 두꺼운 암호장을 들추어가며 그날의 키 넘버(Key Number)에 따라 스위치를 넣는다. 타이핑을 시작하면 네 개의 원반이 돌고 변경부 속의 복잡한 기구가 작용하여 암호문이 나오게끔 되어있었다. 암호문을 평문화 할 때는 그 반대로 조작하면 됐다. 일본 외무성은 97식 구문인자기를 1930년대 말엽에 해외 주요공관에 설치했다.

퍼플 암호를 해독하기까지

퍼플 암호를 미국이 해독하는 데는 엄청난 고심이 뒤따랐다. 당시 미국의 암호작업을 지휘했던 윌리엄 F. 프리드먼은 다음과 같이 회상하였다.

"퍼플 암호가 처음 나타났을 때, 우리는 전에 없던 지극히 어려운 작업임을 직감했다. 모오본 통신대 사령관은 전력을 기울여 이 암호와 대결하도록 특명을 내렸다. 하지만 작업은 지지부진하여 어떤 가능성도 보이지 않았다. 이에 사령관은 당시 일반관리 사무에 쫓기고 있던 내게 해독작업에 직접 나서줄 걸 요청해 왔다."

프리드먼은 휘하에 있는 해독작업자들을 팀 단위로 나누어 여러 가지 그 나름의 가설대로 시행착오를 거듭했다. 프리드먼은 변경륜(變更輪)의 주기별(週期別)로 암호문자 빈도를 조사하였다. 이 방법을 통해 퍼플 암호가 가로 세로 26자 알파벳표를 기초로 했음을 밝혀냈다.

드디어 해독반은 퍼플 암호 기계의 모조품을 종이와 연필만으로 그려내는데 이르렀다. 그리고 이를 바탕으로 모조 기계를 제작하였다. 이같이 만들어진 모조품은 불꽃이 튀면서 잡음이 날 뿐만 아니라 외모도 꼴불견이었다. 하지만 미국인들은 한번 보지도 않은 97

식 구문인자기 모조품을 상상과 추리만으로 완성해냈다. 후에 견주어보니 이 모조품은 외관상으로 실물과 흡사하였고 기능도 대부분 같았다.

미국이 퍼플 해독 기계 1호를 완성한 것은 1940년 8월이었다. 그에 이르기까지 장장 20개월간이라는 피나는 시련의 시간이 흐른 뒤였다. 얼마나 고심했던지 프리드먼은 그해 12월에 쓰러져, 3개월 반 동안 월터리드 육군병원에 입원했다. 분명히 자주색 암호 기계 제작은 암호 해독 역사상 위대한 업적 가운데 하나였다. 그런데 일본에서는 암호를 어렵게만 하려는 데서 큰 과오를 저질렀고, 결과적으로 미국과의 암호 전쟁에서 졌다. 퍼플 암호는 해독하기가 J19-K9보다 수십 배 곤란하지만 일단 패턴이 잡히면 한결 해독되기 쉬운 특성이 숨어 있었다.

그런데다 미국이 해독에 성공한 단서는 과거 일본의 암호체계에 있었다. 미국의 암호 해독반은 J 시리즈를 복잡화한 게 퍼플 암호일 것이라는 가정에서 해독에 접근했으며, 암호문에 있어서 특정 문자 출현빈도, 공백 비율, 반복 특징 및 회수를 꼼꼼히 점검했다.

그러자 일본 암호나 문체에 공통된 버릇이나 특징이 나타났다. 이를테면 암호는 바뀌었어도 외교문 관용구는 바뀌지 않았다는 사실을 발견했다. 일본은 외교문 서두에 공식처럼 써왔던 "본 대사는 ……을 각하에 통보하는 영광을 누립니다"라던가 "귀신(貴信) ……호에 관하여" 등 관용어를 새로운 암호문에 그대로 옮겨 썼는데, 이게 미국의 암호 해독반에 큰 도움을 주었다.

그런가 하면 일본 외무성은 또 다른 실수를 저질렀다. 상대국에 각서를 전달할 때, 퍼플 암호기가 장치된 외교공관에는 퍼플 암호로, 그렇지 않은 공관에는 미국에서 해독 가능한 암호(J 시리즈)로 같은 내용의 글을 타전하는 잘못을 범했다. 새 암호가 아무리 어렵다 하더라도 이미 풀이된 암호와 비교해 보면 암호 규칙을 발견하기란 어렵지 않다. 일본의 패배는 이처럼 버리지 못한 습관에 기인했다.

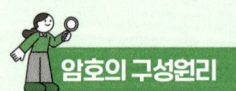

암호의 구성원리

도깨비문자 암호

자음·모음을 간단한 그림문자로 바꿔 사용하는 기법이다. 철자를 숫자나 다른 문자로 바꾸는 환자(換字) 암호와 차이가 있다면, 그림문자를 자음·모음이 연상되는 비슷한 모양으로 바꾼다는 점이다. 알고 보면 간단하지만 다소 엉뚱하기에 도깨비문자라고도 한다.

아메리카 원주민 나바호족 암호

문제

고래 다섯 마리와 쇠물고기 일곱 마리, 그리고 대머리수리 두 마리가 필요하다.

제2차 세계대전이 한창일 때 사이판에서 일본군과 싸우던 미군 암호병이 위와 같은 내용을 본부에 급히 송신했다. 이 암호문은 무슨 뜻일까?

① 군함 5척, 잠수함 7척, 폭격기 2대가 필요하다.

② 식량 5박스, 탄약 7박스, 수송차 2대가 필요하다.

③ 병력 5사단, 대포 7문, 전투기 2대가 필요하다.

④ 배 5척, 구명보트 5대, 낙하산 2개가 필요하다.

야히족 원주민의 최후

1911년 8월 29일 아침의 일이다. 거의 벌거벗은 채 굶주림에 지친 황인종 한 사람이 미국 캘리포니아주 오르빌의 도살장 가축우리에 숨어 있다가 발견되었다. 그가 누구인지 알기 위해 사람들이 그에게 말을 걸었으나, 그는 아무도 알아들을 수 없는 이상한 말만 되풀이했다. 행색으로 보아 아메리카 원주민임에는 분명한데, 그의 입에서 나오는 말들은 도무지 이해할 수 없는 발음뿐인지라 어떤 부족 출신인지 전혀 짐작할 수 없었다.

그 지방 경찰은 이 원주민을 미친 사람이라 단정하고 그를 감옥에 가둬버렸다. 그는 저항하지 않았고, 그저 몸을 웅크린 채 호기심 많은 군중이 창살 너머로 떠드는 걸 이해할 수 없다는 듯이 쳐다보았다. 사람들은 저마다의 어학 실력을 자랑하듯 영어, 스페인어 그리고 여러 원주민 부족 언어로 그에게 말했으나 그는 무슨 뜻인지 모르겠다는 표정만 지었다.

어찌 됐든 그에게는 누군가에 의해서 '이시(Ishi)'라는 이름이 붙여졌다. 그의 말속에 '이시'라는 말이 자주 발음되었기 때문이다. 이시는 감옥에서 이틀을 보낸 후 새로운 방문객을 맞았다. 캘리포니아대학 인류학자 토머스 T. 워터맨이었다. 소식을 듣고 급히 달려온 워터맨은 이시의 얼굴 생김새와 말을 들으며 혈통이 어디인지를 알아내기 위해 고심하였다.

우선 야히(Yahi)어로 된 단어 목록을 읽어나가면서 이시 표정을 살펴보았다. 그러나 그 어떤 단어에도 이시는 반응을 보이지 않았다. 전혀 이해하지 못하는 것 같았다. 워터맨은 이미 여러 원주민 언어를 연구한 인류학자이건만 그 또한 이시의 말을 알아듣지 못하니 참으로 답답했다. 게다가 워터맨의 발음은 엉망이어서 제대로 된 의사소통이 될 리 없었다.

그러나 완전히 절망적이지는 않았다. 이시의 발음이 야히족 사투리라는 단서가 잡혔다. 워터맨은 야히족 사투리들을 하나씩 발음하기 시작했다. 마침내 '노란 소나무'라는 뜻의 '시워니'라는 단어에 이르자 그는 감옥의 목재 침대를 가리켰다. 이시 얼굴은 환하게 펴졌다. 그는 너무나 기쁜 나머지 '시워니'라는 단어를 말하고 또 말하고 계속해서 반복했다. '시워니'라는 말은 그가 3년 만에 처음으로 알아들을 수 있는 단어였던 까닭이다. 워터맨은 이 단어를 시작으로 야히족 사투리에 대한 실질적 지식을 얻어낼 수 있었다. 그 결과 이시의 과거 행적이 상세히 밝혀졌다.

이시는 한때 캘리포니아 북부에 살던 수많은 야나 원주민의 한 부족인 야히족 최후 남자였다. 사냥과 낚시 등을 하며 살던 야히족은 1850년대 골드러시 시대에 황금을 좇아 캘리포니아로 물밀듯 몰려온 목장주인과 투기꾼들에 의해 참혹하게 학살당했다. 너무나 짧은 기간에 벌어진 일이었다. 대학살 이후 대략 야히 원주민 50여 명이 사막 한가운데 숨어 원시적인 삶을 근근이 이어갔다.

그러나 결국에는 이시 혼자만 살아남았다. 이시는 너무나 외로웠다. 음식을 구하기도 어려웠지만, 그보다는 말을 나눌 사람 한 명 없다는 현실이 더욱 고통스러웠다. 3년간 완전히 고립되어 살다 고독과 굶주림에 미쳐버린 이시는 결국 생을 마감하기 위해 백인 문명 세계로 걸어 나왔다.

로스앤젤레스로 옮겨간 이시는 유명인사가 됐으며, 20세기 문명과의 만남에 놀라울 정도로 잘 적응해 나갔다. 이시는 그가 속한 부족 언어를 설명하고 그들의 관습과 기술을 재현해보려는 인류학자들에게 많은 도움을 주었다. 그러나 이시는 1916년 결핵으로 사망했으며 야히족 사투리 언어도 그와 함께 사라졌다.

나바호 원주민 언어가 암호로 채택된 연유

이처럼 암호 세계와 상관없을 것 같은 아메리카 원주민 언어는 1940년대 초 새로운 차원에서 활용되었다. 미국은 제2차 세계대전 때 어떤 적국도 이용할 수 없는 자원으로, 아메리카 원주민 언어를 암호로 채택했다. 원주민 언어는 지리적으로나 언어학적으로 완전히 고립된 난해한 언어였기 때문이다.

미국은 아메리카 원주민 중에서도 나바호족 언어를 암호로 가장 많이 사용했다. 1930년대 말엽 나바호족 인구는 5만 명이었다, 이 나바호족 이외에 이들 언어를 구사할 줄 아는 미국인은 당시에 불과 28명이었다. 그 28명 가운데에는 적대국인 일본인·독일인이 포함되어 있지 않았다. 그리고 나바호 언어는 독일 언어학자들이 제2차 세계대전이 일어나기 전에 연구해놓지 않은 유일한 언어였다.

다른 인디언 부족 언어와 마찬가지로 나바호어도 고유 문자나 기록 부호가 없는 숨은 언어이며, 억양과 음조에 남달리 정확하고 미묘한 차이가 나는 특징이 있었다. 강세를 주는 방식에 따라 한 단어가 여러 가지 의미로 사용될 수도 있었다. 무엇보다도 그들 언어는 오랫동안 함께 살거나 깊이 연구해보지 않은 사람은 전혀 알아들을 수 없었다. 발음도 어려워 이 언어를 배웠다는 사람조차도 발음하기 힘들어할 정도였다.

그렇기에 미군 부대에서는 나바호족 언어를 암호로 적극 이용하는 전략을 세웠다. 그 구체적인 방법은 이들을 전선으로 보내 통신병 조수로 삼는 것이었다. 그런데 문제는 그들을 어떻게 입대시키느냐 하는 점이었다. 사실 나바호족은 전쟁과 아무런 상관이 없었고 입대 의무도 없었다.

그 무렵 나바호족은 애리조나주와 콜로라도주, 뉴멕시코주와 유타주에 걸쳐 거주하고 있었다. 나바호족 입대에는 이들 부족과 함께 살았던 선교사 아들 필립 존스턴 역할이 컸다. 정부로부터 부탁받은 존스턴은 나바호족을 적극 설득했고, 그 결과 나바호족 청년 29명이

1942년 해병대에 입대하였다. 그들은 전선으로 투입되기 직전 어떤 적도 해독할 수 없는 암호통신 훈련을 받았으며, 나바호 신병 29명이 독자적 암호문을 만들었다.

미군 부대에 인디언 병사가 배치된 까닭

나바호족이 사용한 암호는 그들 언어관습을 응용해서 만들어졌다. 또한 411개 단어로 이루어진 암호 어휘는 기본적으로 연상에 기초를 두었으며 상상력과 유머를 더했다. 구체적 예를 들면 이러했다.

나바호족이 만든 독특한 암호표 예

폭격기	대머리수리	오스트레일리아	챙이 말린 모자
전투기	벌새	중국인	땋은 머리
군함	고래	영관 계급	은독수리
잠수함	쇠물고기	위관 계급	은막대
대전차미사일	거북저격수	사람	드네
탄약	조개껍데기	집	호간

그뿐만 아니라 그렇게 정한 영어를 자신들만의 언어로 발음했다. 예컨대 폭격기를 '대머리수리(buzzard)'라고 말하면서 '자이-소'라는 고유 표현을 썼고, 잠수함을 '쇠물고기(iron fish)'로 말하면서 '베시-로'

라고 표현했다. 말하자면 키워드 단어를 은유적 표현으로 바꾸고, 다시 그 언어를 전혀 다른 언어로 발음한 것이다. (문제 정답 ①)

또한 그들은 암호 어휘 411개에 들어있지 않은 단어들을 활용하여 알파벳별 암호체계도 고안했다. 이를테면 A는 개미를 의미하는 wol-la-chee라 했고 B는 곰을 뜻하는 shush로 통했다. 알파벳을 보다 복잡하게 만들기 위해 가장 빈번하게 쓰이는 A, B, I, O, N, T에 해당하는 암호는 여러 개를 만들기도 했다.

나바호족은 암호책이나 도표를 따로 마련할 필요도 없었다. 그들 머리에 암호체계 전체가 암기되어 있었으므로 암호문 작성과 해독에 오랜 시간과 노력을 들일 필요가 없었기 때문이다. 일본의 암호 해독 전문가들이 이를 해독하기 위해 가능한 모든 기술을 동원했으나 전쟁에 패배할 때까지 끝내 풀지 못했다.

나바호족 병사들은 일본과 교전을 치르는 태평양 전선에 집중적으로 배치되었다. 그에 따라 무전기와 야전전화기 위에 웅크리고 앉아 교신하는 나바호족 암호 통신병은 솔로몬 군도에서부터 오키나와에 이르기까지 흔히 볼 수 있는 모습이 되었다. 그들은 대단히 빠른 속도로 무선 연락했으며 그들의 교신내용은 일본군은 물론 동료인 미군 동료 병사조차 이해할 수 없었다.

나바호족은 크게 드러나지는 않았지만 많은 공로를 세웠다. 통신 비밀유지는 기본이고 때로는 아군 부대를 식별하는 표식으로도 이용되었다.

1943년 어느 날 밤 사이판에서의 일이다. 일본군이 수백m를 후퇴하자 미국 해병대의 한 부대가 전진했다. 그러나 어이없게도 해병대 병사들은 어둠과 혼란 속에서 우군의 포화 공격 속에 갇히고 말았다. 해병대는 사령부에 긴급 무선 연락해 상황을 설명했다. 그러나 포화는 더욱 심해졌다. 그들의 연락이 일본군 계략으로 여겨진 까닭이었다. 그러다가 해병대 통신병이 사령부로부터 이상한 질문을 받았다.

"귀하 부대에 나바호 출신 병사가 있는가?"

다행히 나바호 출신이 있었다. 그 병사는 나바호 부족 언어로 연락했으며 사령부는 그 부대가 우군임을 확신했다. 그래서 즉각 포격을 멈췄다.

나바호족 암호가 종전 후 폐기된 이유

그러나 나바호족 언어는 제2차 대전 이후 더이상 암호로 쓰이지 않았다. 제2차 대전이 끝날 무렵 나바호족 암호 통화자 수가 무려 4백20명으로 늘어나 있었기 때문이다. 이로써 나바호족 언어는 암호로서의 기능을 상실했다.

한편 전투에서 큰 공로를 세운 나바호족 병사들은 전쟁이 끝난 뒤 합당한 대우를 받지 못했다. 미국 정부는 의도적으로 원주민 출신 병사들을 외면했고, 오히려 그런 사실조차 철저히 비밀에 부쳤다. 심지어 1968년 군 암호 프로젝트에 대한 기밀이 해제됐어도 공식적으로 인정하지 않았다. 미국 정부는 2001년에야 뒤늦게 나바호족 병사들의 공로를 인정하고 훈장을 수여했다. 당시 조지 W. 부시 미국 대통령은 제2차 대전에 참전했던 나바호 인디언 29명 가운데 생존자 5명과 나머지 유족에게 훈장과 금메달을 주면서 이렇게 말했다.

원드 토커(Wind Talkers)
나바호족이 암호병으로 활약한 실화를 다룬 영화이다.

"절체절명 순간에 오직 자신들만이 할 수 있던 임무를 조국을 위해 기꺼이 수행한 29명 토착민들 공로에 감사드립니다."

2002년 미국에서 개봉된 《윈드토커(Windtalkers)》는 2001년에야 공식적으로 인정받은 나바호족 암호 이야기를 사실적으로 표현한 영화로서, 오우삼 감독은 "나바호 원주민의 공적을 기리기 위해 영화화했다"라고 밝힌 바 있다.

암호의 구성원리

나바호족 언어 활용 암호

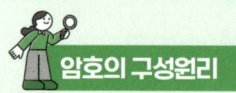

나바호족 언어는 아메리카 원주민 언어들이 그렇듯 자연친화적이며 자유로운 상상을 담고 있다. 다만 그들의 언어가 알려지지 않았던 건 백인에게 노출이 늦었기 때문일 뿐이며 단어 자체에 대한 발음이 완전히 다르기에 암호로 활용됐다.

나바호족 암호의 특성을 참조하면 환자(換字) · 전자(轉字) 병용 방식의 새로운 암호를 만들 수 있다. 다시 말해 어떤 언어를 다른 언어로 바꾼 뒤, 그 발음을 거꾸로 하는 것이다.

예컨대, 한글을 영어로 바꾼 뒤 그 발음을 거꾸로 말하면 다음과 같다.

【평문】 메시지를 정한다. → 나는 너를 사랑해.

영어로 바꾼다. → I love you.(아이 러브 유)

발음(문장 또는 단어)**을 거꾸로 한다. → 유 브러 이아**(또는 이아 브러 유)

따라서 최종 암호문은 아래처럼 된다.

【암호문】 유 브러 이아(이아 브러 유)

PART

4

문자와 암호

수메르인은 왜 쐐기문자를 발명했나

문제 1

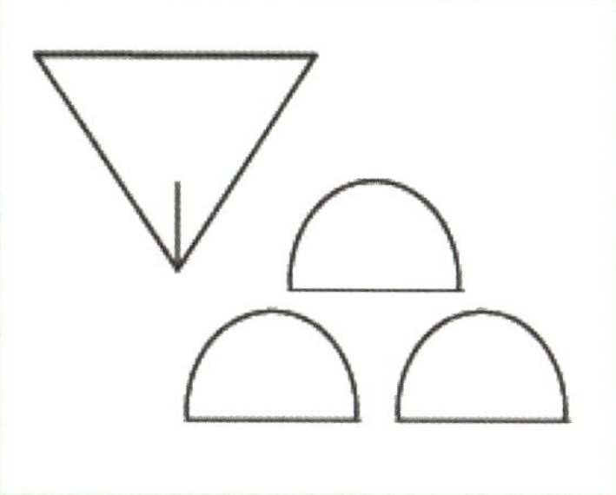

위 기호는 인류 최초의 문자로 평가받는 수메르어이다. 그런데 그 뜻은 다음 중 무엇일까?

① 연필 한 개와 찐빵 세 개

② 속옷 한 장과 곡물 포대 세 자루

③ 산 너머 지역에서 데려온 여자 노예

④ 천둥·벼락에 놀란 세 사람

문제 2

어떤 회사에서 특별히 보관해야 할 비밀문서가 있어서 알파벳 암호로 여닫는 금고를 구입했다. 그런데 금고를 다뤄야 할 사람이 여럿이기에, 만약에 깜빡 잊는 상황을 감안해 그들만 아는 암호 힌트를 금고 근처 그림 뒤에 붙여놓았다. 암호 힌트는 트럼프 ♣ 한 장이다. 그렇다면 암호 알파벳(단어)은 무엇일까?

수메르인은 왜 사물을 상징적으로 표현했을까

위 문제들은 모두 상징문자를 암호화한 것인데, 상징문자는 고대 수메르 시대로 거슬러 올라간다. 수메르어 역사는 원시 수메르어, 고대 수메르어, 신 수메르어, 후기 수메르어 이렇게 네 시기로 나눌 수 있다. 원시 수메르어는 기원전 3천년경 등장하였고, 이후 수메르어는 기원전 1세기까지 약간 변화는 있을지언정 3천년 동안 고대 중동 지역의 주요 언어로 쓰이면서 아울러 다른 언어의 모체가 되었다.

수메르어의 명사와 동사는 문장 속에서 그 낱말이 차지하는 위치와 서로 다른 접사가 붙음으로써 구별된다. 수메르어의 발음 체계는 비교적 단순하지만, 현재까지 완전한 해독은 이루어지지 않고 있다.

문자 기원에 대해서는 여러 설이 있으나 대체로 기원전 3천년경, 이라크 유프라테스 강 하류 지역 메소포타미아에서 고대문명을 이룬 수메르인이 발명했다는 것이 정설이다. 이 시기는 최초의 도시 건설 등의 커다란 변화가 이루어지던 때였다. 그에 따라 문자 발명에 필요한 정치·사회·문화적 조건들이 충분히 성숙했다.

수호신을 모신 사원은 거대한 행정 중심이 되었으며, 정치·종교 지도자인 '제사장 겸 왕'의 권위가 미치는 곳이었다. 여러 가지 사회 관계들이 복잡해지면서 사원의 행정 담당자들은 인사이동, 급료, 재화, 가축을 관리해야 했다. 그러나 인간의 기억은 제한되어 있기에 구두(口頭) 정보를 보관하고, 이후에도 다시 말의 형태로 되살릴 수 있게 하는 새롭고 통일된 지시체계를 찾아낼 필요성이 생겼다. 이것이 문자를 탄생시킨 배경이다.

이 지시 체계는 사람들이 많이 쓰는 상징들을 이미지로 표현하는 방법으로 나타났다. 이를테면, 사람은 숫자 8을 세로로 절반 나눈 형태()로 표시되었는데, 그건 머리와 몸을 형상화한 기호였으며, 소(牛)는 그 머리()를 특징적으로 그렸다.

관리·성직자·상인들을 제외하면 메소포타미아 주민들은 대부분 목자(牧者) 또는 농부였고, 이들도 가축 수를 기록할 필요성을 느꼈다. 그들은 날카로운 갈대 줄기를 이용해 진흙판에 상형문자를 그려 넣었고, 이런 기호들은 숫자·사물들을 상징하여 곡식 양이나 가축 수 또는 땅의 크기를 나타내는 데 사용되었다. 예컨대, 빈번하게 수를 세야 했던 양(羊)의 경우, 처음에는 원 안에 그어진 십⊕가(   )로 표현되었는데, 이는 '울타리 안에 있는 동물'이라는 뜻이었다.

다른 지역 사람들도 이런 수메르인의 기호들을 모방하여 썼으며, 수메르인의 기호 체계는 점점 복잡해졌다. 이 시대 문자는 동물·식물 같은 친숙한 사물들의 중요한 특성을 선화(線畫)로 표현한 그림문자였다. 예를 들면, '산'을 나타내기 위해서는 수평선 위에 둥근 반원을 그려 언덕처럼 그렸고, '여성'의 경우에는 성기를 나타내는 역삼각형을 그린 다음 그 밑에 점을 찍었다.

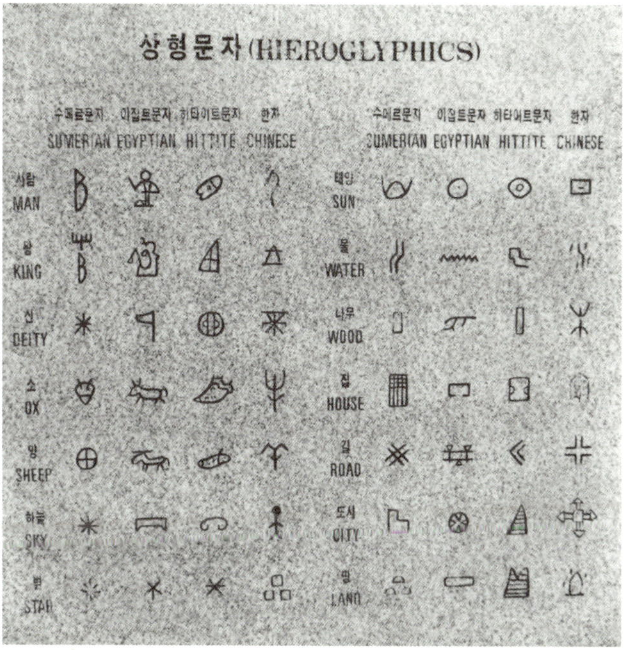

상형문자 비교

수메르문자, 이집트문자, 히타이트문자, 한자(漢字)의 표기가 제각기 다른 점이 흥미롭다.

그림문자를 여러 개 겹침으로써 표의문자를 만들 수도 있었다. 예를 들어 '산'을 나타내는 그림문자 옆에 '여성'을 상징하는 역삼각형 그림문자를 겹쳐놓으면 그것은 '산 너머 지역에서 데려온 여성 노예'를 의미했다. 서두에 출제한 문제의 경우 산이 세 개 그려져 있으니 산을 세 개나 넘은 먼 지역에서 데려온 노예라 해석할 수 있다.(문제 정답 ③)

점토판에 쓴 문자가 왜 쐐기 모양이었을까

문자표기는 처음엔 단순한 기억 보조 장치로 시작됐지만, 그 형태와 내용은 이후 수 세기 동안 점점 더 발전하였다. 비슷한 시기 나일강 유역 이집트인도 문자를 쓰기 시작했는데, 이집트 기호는 단일 자음만 쓴 데 비해 수메르인은 자음·모음을 모두 사용했다.

기원전 2900년경에 이르러서는 흥미로운 발전이 있었다. 원시 그림문자에서 즐겨 사용되던 곡선이 사라지고, 순전히 직선으로만 이루어진 문자 체계가 탄생한 것이다. 이러한 현상은 표기에 쓰인 재료의 성질, 즉 남부 메소포타미아에서 유일하게 적합한 자연 재료인 점토 성질에 기인하였다. 점토라는 특수성으로 인해 기호는 필연적으로 모양이 변화될 수밖에 없었다.

점토는 너무 연해서 곡선을 그리기 어렵다. 따라서 곡선을 점토에 새기는 대신, 끝이 삼각형으로 된 갈대를 사용하여 곡선을 직선화해서 새기게 된 것이다. 이때의 글씨 모양들은 주로 쐐기꼴을 하고 있었는데, 이 특징으로 인해 쐐기문자(cuneiform)라는 말이 생겼다. cuneiform(큐네이폼)은 '쐐기'를 의미하는 라틴어 cuneus(쿠네우스)에서 유래했다.

점토판에 기록된 직선들은 수평선·수직선·사선 등으로 이루어졌으며, 이들을 조합해 기호를 만들어냈다. 이는 대단한 변화였다. 사물 형태를 흉내 낸 상형문자에서 지시 대상과의 형태적 유사성이 사라진 본격적 문자로 변신했기 때문이다. 이런 쐐기 모양의 쐐기문자들은 단순한 단어나 생각을 넘어 독특한 소리까지 표현할 수 있었기에 그림문자를 급속히 대체했다.

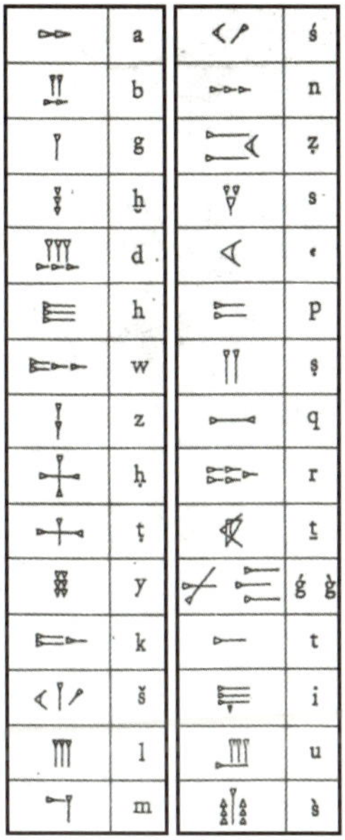

쐐기문자 알파벳 발음표
지금까지 밝혀진 발음은 표와 같다.

표기 방법이 변하면서 필경사(筆耕士)들도 기호를 조합하여 표의문자의 한계를 극복하고 그 효율성을 높이려고 노력했다. 또한 문자 체계를 단순화하기 위해서 기호의 개수를 줄이려는 시도가 이루어졌고, 그러다 보니 똑같은 표의문자가 비슷한 행동이나 개념들을 옮겨 적기 위해 사용되었다. 이제 읽는 사람은 문맥을 참고하여 서로 다른 의미 중에서 하나를 선택해야 했는데 이 일은 항상 어려웠다. 이러한 해석의 어려움을 해결하고자, 그 의미를 제거하고 소리만을 남겨둠으로써 소리를 표현하는 표음문자가 고안되었다.

표음문자는 초기에 900여 개의 기호를 가지고 있었으나 점차 줄어들어 기원전 2천4백 년 무렵에는 약 5백 개가 되었다. 이러한 변화 덕분에 부분적으로나마 문자 체계의 개발이 가능해졌고, 문자로 표기된 문장이 단어 사이의 관계까지 표현해 줄 수 있게 됐으며, 구어의 뉘앙스를 그대로 표현하는 것도 가능해졌다. 게다가 텍스트 내용이 더욱 풍부해져서, 수메르어의 모든 요소를 재현할 수 있는 가능성도 엿보였다.

대홍수와 사악한 뱀을 성경보다 먼저 기록한 길가메시 이야기

기원전 2천년경에는 기호들이 분할되거나 뒤집히기도 하고 동시에 단순화되었다. 이제 기호들은 더이상 대상을 직접 표현하는 데 쓰이지 않고 자신의 이름이 되어버린 바로 그 소리를 표현하기 위해 사용됐기에, 기호가 가지고 있던 원래의 상징적 내용은 완전히 사라졌다.

이와 더불어 기호들의 형태도 점점 더 변했다. 이때 문법적 형태의 표기는 명확히 뜻이 규정되었고, 쐐기문자는 단순한 사물만이 아니라 견해나 생각을 표현할 수 있었다. 또 기호가 수메르 외부로 퍼졌고, 수메르어 이외의 언어들에 대한 적응과 새로운 진화가 같이 진행되었다.

수메르의 시인·작가·학자들은 신에 대한 찬양·신화·서사시·지식 등등 말로 전승된 위대한 문학작품을 글로 옮겼다. 길가메시(Gilgamesh) 서사시는 당시 가장 널리 보급된 작품인데, 명판에 새겨진 내용은 대략 다음과 같다.

길가메시는 기원전 3천년경 남부 메소포타미아의 우루크 지방을 통치했던 위대한 건설자이자 전사였다. 무자비해 보이는 그의 통치를 막기 위해서, 아누 신은 야생 인간 엔키두를 창조했다. 엔키두는 처음에는 동물들과 함께 지냈다가 곧 도시 생활을 시작했다. 그가 우루크로 갔을 때 길가메시는 그를 기다리고 있었다. 두 사람은 힘을 겨루었고 길가메시가 승리하였다. 그 뒤 엔키두는 길가메시의 친구이자 동반자가 되었다.

길가메시
고대 바빌로니아 왕국의 영웅이다.

사랑의 여신 이슈타르가 길가메시에게 청혼을 거절당하자 분노하여 황소를 보내 그를 해치려고 했다. 이때 길가메시는 엔키두의 도움을 받아 그 황소를 죽였다. 얼마 지나지 않아 엔키두는 꿈속에서 신들이 자신의 죽음을 결정하는 광경을 보았고, 이 꿈을 꾸고 난 뒤 병들어 죽었다. 길가메시는 친구의 죽음을 비통해하며 엔키두 장례식을 웅장하게 치렀다. 이후 길가메시는 죽음에서 벗어나는 방법을 배우기 위해, 바빌로니아 홍수에서 살아남은 우트나피슈팀을 찾아 위험한 여행에 나섰다. 그리고 마침내 그를 만나 홍수 이야기를 듣고 불로초가 있는 곳을 알아냈다. 우여곡절 끝에 길가메시는 불로초를 구했지만, 다시 뱀에게 빼앗겨 슬픈 마음으로 돌아와야 했다.

이 서사시는 엔키두의 영혼이 돌아와, 길가메시에게 잃어버린 물건을 되찾아주리라 약속하고 지옥의 무시무시한 인상을 말해주는 것으로 끝난다.

길가메시 이야기는 기원전 7세기 중엽 아시리아를 통치했던 국왕 서고에서 발견됐는데, 흥미로운 것은 《성서》에 등장하는 '인간 창조', '신에게 배반', '대홍수', '사악한 뱀', '영혼 회귀(부활)' 따위 제재(題材)가 등장한다는 점이다. 바꿔 말해 문자가 등장해 관념 표현이 가능해지면서 '존재' 혹은 '생명 유한'에 대한 성찰이 이루어졌음을 짐작할 수 있는 바, 문자는 철학의 모체라 할 수 있다. 그러나 이러한 내용은 고고학자 및 언어학자의 노력에 힘입어 19세기 이후에야 판독되고 알려졌다.

쐐기문자를 왜 나중에 가로로 썼을까

함무라비법전 비명(碑銘, 비석에 새긴 글)과 신(新)아시리아 시대 왕들의 부조 등에 새겨진 글을 비교해 보면 흥미로운 사실을 발견할 수 있다. 함무라비법전 비명은 세로쓰기인데, 이후에는 가로쓰기로 비명이 새겨졌다는 점이다. 그뿐만 아니라 기원전 1천 년 이후 신아시리아 왕의 비명도 모두 가로쓰기로 되어 있다. 쐐기문자는 최초에 세로로 쓰였다. 그런데 왜 함무라비를 전후하여 가로쓰기로 바뀌었을까?

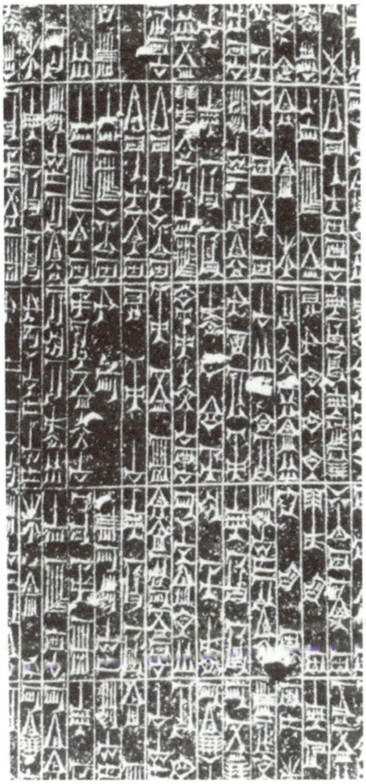

함무라비법전
딱딱한 돌기둥에 새겨져 공포됐으며, 쐐기문자가 세로쓰기로 새겨졌다.

바빌론 왕조의 제6대 왕 함무라비는 재위 기간(기원전 1792~1750년) 중 탁월한 군사적 업적을 이룩한 대왕이자 왕국의 일상적 행정절차를 확립하는 데 몰두한 행정가였다. 그는 바빌로니아 남부를 정복했을 때 수 세기 동안 내려온 전통적인 관례에 따라, 자신을 생애 중에 신격화하는 조치를 취하지 않았다. 이로써 그는 이후 왕권의 개념을 '인간 중의 우두머리'로 규정하게 되는 선례를 확립했다.

함무라비는 이에 그치지 않고 '문명적 법률'을 만들었으니 함무라비법전이 그것이다. 오랜 세월 문명사회를 이루고 살아온 수메르인의 법체계가 이 법전의 배경이 됐으며, 가해자 신분과 범죄 정황에 따라 형벌이 달라졌다. '눈에는 눈, 이에는 이'로 대표되는 동해보복법(同害報復法, 같은 방법으로 처벌)과 같은 원시적 잔재가 없는 게 아니지만,

아수르반아플리왕 비문
가로쓰기로 돼 있다.

이 법전은 부족적 관습을 훨씬 넘어섰고, 개인적인 복수나 약탈혼 등을 인정하지 않았다는 점에서 오늘날 법전의 효시로 받아들여지고 있다.

그러나 함무라비는 재위 말년의 마지막 2년 동안 방어 요새를 구축하는 데 모든 노력을 집중했으니 이는 작은 도시국가가 영토를 보유한 대국으로 변모하는 데 따른 대가였다. 함무라비는 기원전 1750년 이미 통치를 맡고 있던 그의 아들 삼수일루나에게 짐을 떠넘기고 죽었다. 쐐기문자의 표기 방법은 삼수일루나 통치 시기(기원전 1749~1712년)에 바뀌었다.

점토판 쐐기문자 표기는 그 이전부터 가로쓰기가 시도되었다. 오른손잡이가 점토판에 세로쓰기로 쐐기문자를 쓰는 일은 쉽지 않으므로 민간에서는 부분적으로 가로쓰기로 문자를 기록했다. 하지만 비명(碑銘)의 경우는 달랐다. 왕가 전통이란 쉽게 변화될 성질이 아닌 까닭에 예부터 전해오는 자체(字體)와 서법(書法)이 오래 유지된 것이다. 그렇지만 삼수일루나는 아버지가 확립한 행정적 안정을 바탕으로 과감히 변화를 시도했고 덕분에 쐐기문자 표기 방법에 일대 혁신이 일어났다.

그럼에도 불구하고 쐐기문자는 쓰기 어려워서 극소수 전수자들만 사용하다가 서기 1세기경부터 사라졌다. 아람(Aramaean) 유목민들이 메소포타미아로 들어와서 쐐기문자를 배운 다음, 그걸 응용하여 적기에 편리하고 이해하기 쉬운 문자 표기 체계를 만들었고, 또 진흙보다 훨씬 가벼운 재료인 파피루스에 기록함에 따라 표기 방법도 훨씬 단순화됐기 때문이다. 이런 연유로 예수 그리스도가 등장할 무렵, 수메르어에 대한 지식은 쐐기문자에 대한 지식과 함께 완전히 없어졌다. 쐐기문자로 기록된 마지막 문서는 서기 45년경 것이라고 한다.

한편 문제 2의 정답은 'club(클럽)'이다. ♠(spade:스페이드)는 귀족의 검, ♥(heart:하트)는 성배 혹은 기사의 방패, ◆(diamond:다이아몬드)는 상인의 교역권 혹은 화폐, ♣(club:클럽)은 곤봉을 상징하는 까닭이다. ♣은 모양 때문에 '클로버'라고도 말하지만, 본래는 곤봉을 그린 것으로 점차 클로버처럼 변했을 뿐이다. 영어사전을 찾아보면 club의 첫째 뜻이 '무기로 쓰이는 곤봉'임을 확인할 수 있다.

암호의 구성원리

상징문자 활용법

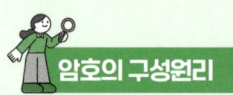

사물의 특징을 간결하게 표현하여 자기만 알거나 혹은 상대에게 알리는 방법이다.

옛날에는 지배계급만이 아는 기호로 쓰였으나 점차 대중화되면서 문자가 됐는데, 암호로 사용할 경우 일반적 연상이나 다중 연상을 활용한다. 예컨대, '소 대가리' 기호와 '소리'를 나타내는 기호가 같이 그려졌을 경우 '소 울음소리'가 해결 열쇠인 것처럼 말이다.

우물정자 상징기호 활용법

가로 · 세로 선이 교차하는 체크 무늬(우물 정자 무늬)의 방향이나 점 혹은 점선을 이용하여 알파벳을 대치시키는 기법이다. 이 경우 직선 체크 무늬를 여러 개 만들어 점 하나나 두 개를 찍어 알파벳을 나열할 수도 있고, 아래 보기의 경우처럼 직선 · 점 · 체크 무늬를 섞어서 만들 수도 있다.

【예문】 START NOW

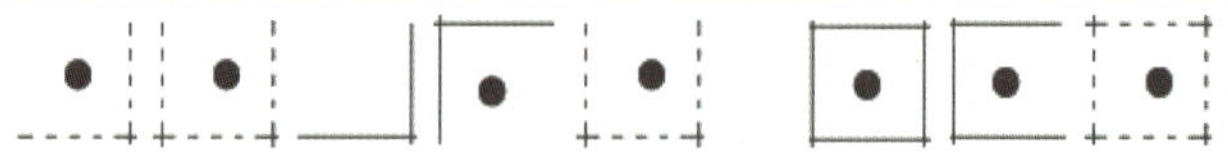

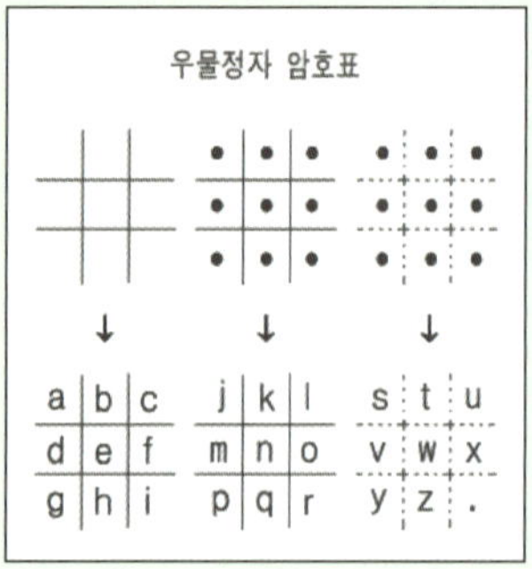

페르세폴리스 비문의 수수께끼

문제 1

"A, 대왕, 여러 왕의 왕, B의, 왕의 아들"
"B, 대왕, 여러 왕의 왕, 여러 나라의 왕, C의 아들"

페르시아 제국의 페르세폴리스(Persepolis) 비문에 적혀 있는 문장으로, 페르시아 쐐기문자를 해독하는 데 중요한 열쇠가 되었다. 다시 말해 A·B·C의 상관관계를 밝혀냄으로써 고대 비문의 수수께끼를 풀었다. 그렇다면 A·B·C는 다음 중 어떤 관계일까?

① A=할아버지, B=아버지, C=아들

② B=할아버지, A=아버지, C=아들

③ C=할아버지, B=아버지, A=아들

④ C=할아버지, A=아버지, B=아들

문제 2

이효리는 배철수 옆집에 살고 있고, 장동건은 정우성 옆집에 살고 있으며, 배철수는 정우성 집에서 한 집 건너 이웃에 살고 있고, 이은미는 이효리 한 집 건너 이웃에 살고 있다. 이효리 집은 이들 중에서 오른쪽 끝에 있다. 그렇다면 이들 중에서 가운데 집에 사는 사람은 누구일까?

위 두 문제는 관계를 명확히 알아야만 풀 수 있으며, 단서를 통해 푼다는 점에서 수수께끼와도 같다. 이런 수수께끼는 고대사를 연구하다 보면 숱하게 만나게 되는데 페르세폴리스 비문은 그 대표적 경우이다.

페르세폴리스 궁전은 왜 파괴됐나

티그리스와 유프라테스 두 강의 중·하류 유역에 자리 잡은 메소포타미아에서 동쪽으로 이란 고원에 들어가면 고대 페르시아 제국

왕도인 페르세폴리스가 나온다. 페르세폴리스란 그리스어로 '페르시아의 도시'란 뜻이다. 그러나 페르시아인들은 '파르사(Parsa)'라 불렀다. 파르사는 '파르스(Pars)'에서 나왔으며, 파르스 지방(이란 남부 지역) 또는 그곳에 사는 사람을 지칭하는 말이었다.

기원전 520년경 페르시아를 세계 최고 강국으로 만든 다리우스 대왕과, 그 자손인 크세르크세스 왕은 쿠히라하마트 산기슭 표고 1천7백m 고원에 대왕궁을 건설했다. 궁전 토대는 높이 12m, 폭 274m, 길이 457m에 이를 만큼 거대했다.

그러나 이 왕궁은 얼마 지나지 않아 알렉산드로스 대왕에 의해 초토화되었다. 기원전 331년 알렉산드로스 대왕은 페르시아의 그리스 신전 파괴에 대한 복수로 철저하게 페르세폴리스 궁전을 불태우고 파괴했으며, 이후 이 궁전은 역사 속으로 사라졌다. 페르시아인에게는 더할 나위 없는 아픔이었기에, 12세기 페르시아 시인 오마르 하이얌은 그의 시집 《루바이야트》에서 페르세폴리스 유적에 대하여 다음과 같이 노래했다.

> 하늘을 찌를 듯 궁전은 솟아 있고
> 아아 그 옛날 제왕이 납시던 용상(龍床)
> 옛 자취 반원형 천장에는 비둘기떼가
> 어디뇨 어디뇨 하듯 우짖더니라.

아파다나로 오르는 계단
메디아의 고위 관리들이 페르시아 왕을 만나기 위해 계단을 오르는 모습이 새겨져 있다.

페르시아 멸망 후, 이 제국을 발견한 최초 탐험가는 이탈리아인 피에트로 델라 발레(1586~1652년)였다. 그는 이 폐허를 다음과 같이 보고하였다.

"이 방에서는 주위 30마일에 걸치는 광대한 광야가 한눈에 들어온다. 이 방으로 가려면 대리석을 깎아서 다듬은 95개 층계를 밟고 올라가야만 하는데, 어찌나 넓은지 말 탄 사람 12명이 옆으로 줄지어서 올라갈 수도 있다. 문의 폭은 나의 발로 여섯 걸음, 문 양쪽 높이는 30피트이며, 진기하게도 대리석으로 만들었다."

페르세폴리스 입구
인면유익목우상
(人面有翼牧牛像)

하지만 페르세폴리스 발굴은 그보다 2백여년 뒤인 1877년 페르시아인이자 파르스주 총독 파라드 미르자에 의해 부분적으로 이루어졌고, 1931년에야 미국 학술단에 의해 본격적으로 발굴되었다. 발굴 이전에는 이 장대한 궁전 대부분이 모래 속에 파묻혀 있었다.

그 실체가 드러난 뒤 페르세폴리스는 폐허를 통해서나마 옛 영화를 여실히 보여주었다. 페르세폴리스 입구에는 크세르크세스문이 있으며, 네 개 기둥에 거대한 인면유익목우상(人面有翼牧牛像)이 각기 하나씩 조각되어 있다. 황소 몸에 날개를 달고 사람 얼굴인 조각상 한

쌍은 동쪽을 향해, 또 한 쌍은 서쪽을 향해 서 있다. 각기 동서 대륙을 지키고 있는 것이다.

유적 앞쪽에는 페르시아 대왕이 제국에 복속된 나라에서 온 사신들을 맞이한 대접견실 '아파다나'가 있다. 아파다나는 높은 곳에 위치하고 있다. 그곳에 이르기 위해서는 높이 10㎝의 계단 111개를 밟고 올라야 한다. 이 계단의 벽면에는 각종 부조(浮彫)가 새겨져 있는데, 그중 일각수(一角獸) 그림, 다리우스 원정 그림, 세계 각국 사절단 방문 그림 등이 특히 유명하다.

쐐기문자의 비밀

페르세폴리스 궁전의 본격적 발굴이 이뤄지기 전에 이곳을 방문한 학자가 있었다. 독일 여행가 카르슈텐 니부어였다. 그는 1761년에서 1767년까지 이곳을 방문하여 페르세폴리스 왕국의 개측도(槪測圖)를 만들고, 쐐기 모양이 그려진 돌판 내용을 그대로 옮겨 적었다. 다른 사람들은 그걸 대수롭지 않게 여겼으나 그는 문자라고 확신하였다.

얼마 후 페르세폴리스 폐허에 있던 이 쐐기 모양 돌판은 쐐기문자가 새겨진 비문(碑文)이고, 그 문자는 언뜻 보아 비슷한 것 같으나 실제는 3종류로 나누어져 있다는 사실이 판명되었다. 3종류는 고대 페르시아문자, 아람문자, 수메르문자였다. 페르시아 제국은 쐐기문자를 개량하여 페르시아어로 사용하면서, 아람인 언어와 바빌로니아인 언어도 더불어 사용했던 것이다. 이에 따라 3종 문자로 기록된 페르세폴리스 비문은 동일한 내용을 표기했으리라고 짐작되었다.

수많은 학자가 페르세폴리스 비문을 해독하려 애썼으나 그 성과는 19세기 초에야 나타났다. 그 선구자는 독일 언어학자 게오르그 프리드리히 그로테펜트였다.

이전부터 학자들은 페르세폴리스 비문은 아케메네스 왕조 페르시아 왕들의 비문이며, 비문에 되풀이하여 나타나는 7문자는 국왕 칭호를 가리키리라고 생각했으나 그로테펜트는 견해를 달리했다.

그는 '여러 왕의 왕'이라는 칭호를 가리키기에는 7문자가 너무 짧으며, 또 각종 짧은 비문에 되풀이하여 나타나고 있다는 점에 착안하여, 7문자는 '여러 왕의 왕'이 아니라 단순히 '왕'을 의미하는 것이리라 추정했다.

이러한 추정과 어미 변화에 대한 문법적 고찰을 한 다음, 에케메네스 왕조 것으로 생각되는 니부어 사본 비문이 'Y왕의 아들이며, 아케메네스 왕조의 왕이며, 여러 왕의 왕이며 대왕인 X'이라는 형식을 가진 것으로 가정하였다. 이 가정은 동일한 형식을 취하는 사산 왕조 시대 비문에서 힌트를 얻었다. 이때 그는 '왕'이라는 말 앞에 왕의 이름이 있다는 것을, 사산 왕조 시대 비문의 예로 미루어 틀림없다는 판단을 내렸다.

대왕, 여러 왕의 왕, 왕의 아들의 수수께끼

니부어 사본 비문을 나란히 놓고 비교한 결과, 국왕 이름만 다른 두 개 비문을 발견했다. 하나는 "A, 대왕, 여러 왕의 왕, B의, 왕의 아들"로 풀이되고 또 하나는 "B, 대왕, 여러 왕의 왕, 여러 나라의 왕, C의 아들"로 풀이된다. B라는 왕명은 양쪽 비문에 모두 나타났다. 이로써 A는 B의 아들, B는 C의 아들이니, C → B → A 사이에는 할아버지·아버지·아들 3대 계보가 연결됐다. (문제 1 정답 ③)

다음에 해야 할 일은, 두 비문에 나타난 세 사람 이름을 에케메네스 왕조 페르시아 계보 속에서 찾아내는 일이었다. 수많은 왕 중에서 어느 세 사람을 선택하면 될 것인가. 그가 두 비문을 철저히 비교해 보니 A와 B의 이름 뒤에는 '왕'이라는 칭호가 붙어있지만, C의 뒤에는 왕호가 붙어있지 않았다. 드디어 수수께끼가 풀렸다.

자기 아버지가 왕이 아니었던 왕은 다리우스 1세이며, 그의 아버지는 히스타스페스이다. 아케메네스 왕조는 내란으로 인하여 일시 단절되었다가, 왕족 히스타스페스의 아들 다리우스가 왕위에 올랐다는 건 이미 밝혀진 고대사 기초 지식이었다.

다시 말해 그리스 역사가 헤로도토스가 기술한 고대 페르시아 왕명표(王名表)에는, 여기에 해당하는 이름이 히스타스페스·다레이오스(다리우스)·크세르크세스밖에 없으므로, 이 이름이 가지고 있는 음가를 쐐기문자에 적용해 올바른 음가를 알아냈다. 그리하여 C는 히스타스페스, B는 다리우스, A는 크세르크세스로 결정됐다. 또한 그로테펜트는 세 왕명을 구성하고 있는 문자 13개의 음을 정했다.(페르시아문자는 전부 39문자로 되어 있다)

이리하여 쐐기문자 수수께끼의 일부는 해결되었으나, 앞으로 나아갈 길은 여전히 멀었다. 그로테펜트는 1802년에 자기 업적을 독일 괴팅겐 학술원에 제출했지만, 학술원은 그의 해독을 범위가 좁고 하산 왕조 비문의 유추에 불과하다고 평가절하하고 논문 요지만을 간행하였다. 그로테펜트의 뒤를 이어 고대 페르시아어의 쐐기문자 해독을 완성한 사람은 영국인 헨리 C. 롤린슨으로서 19세기 중엽 일이다.

한편, 문제 2의 정답은 '이은미'이다. 붙어있는 이웃집부터 차례로 그려보면 쉽게 알 수 있을 것이다.

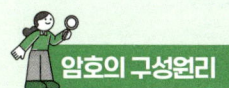

암호의 구성원리

수수께끼 활용법

정답을 여러 각도에서 설명해본 다음, 그중 하나를 단서로 제공하는 기법이다. 단서가 많을수록 열쇠에 가까워지므로 보안 강도에 따라 단서의 수를 조절한다. 맞힐 때까지 스무 차례 기회를 주는 이른바 '스무고개'도 이런 유형의 암호라 할 수 있다.

이집트문자와 로제타 스톤

문제 1

위 그림은 이집트 상형문자이다. 다음 중 무엇을 뜻하는 것일까?

① 람세스

② 클레오파트라

③ 독수리가 사자를 잡아먹다

④ 사자가 독수리를 잡아먹다

문제 2

위 그림 역시 이집트 상형문자이다. 다음 중 무엇을 뜻하는 것일까?

① 입술과 올빼미와 물고기

② 물고기

③ 올빼미가 물고기를 먹다

④ 사람이 올빼미와 물고기를 먹다

로제타 스톤 발견

1789년 나폴레옹이 이집트원정에 나섰을 때 일이다. 나폴레옹 휘하 공병대장 도트프르가 나일강 삼각주 지대의 로제타 마을에서 요새를 쌓기 위해 부하 병사에게 땅을 파라고 지시했다. 그런데 작업 중에 뜻밖에도 검은색 현무암으로 만들어진 석판이 나왔고, 표면에 쓰여 있는 이상한 기호로 미루어 고대의 어떤 기록물로 추정되었다. 이른바 로제타 스톤(Rosetta Stone)이 발견된 것이다.

로제타 스톤은 즉각 카이로에 있는 프랑스군사령부 소속 이집트 연구소로 운반되었다. 나폴레옹은 군사원정에 학자·미술가를 2백여 명 동행할 만큼 문화인임을 자부하던 터였으므로, 발굴된 유물들은 최선을 다해 다루도록 지시되어 있었던 까닭이다.

그러나 1801년 이집트 아부키르에서 영국과 치른 해전은 나폴레옹의 패배로 끝났고, 프랑스는 평화조약 대가로 로제타 스톤을 영국에 넘겨주었다. 영국은 1802년 이 돌을 영국으로 가져갔으며, 지금까지 대영박물관에 전시되고 있다.

프랑스는 석고로 뜬 로제타 스톤의 사본만을 가지고 본국으로 철수하였다. 그리고는 고대 이집트문화 조사 연구에 몰두하여, 그 성과를 방대한 《이집트지(誌)》로 엮어 프랑스 학술원에서 발간하였다. 이때 그 무엇보다 주목받은 것은 로제타 스톤이었다. 4천년이나 쓰인 성각문자(聖刻文字)를 풀어줄 단 하나의 열쇠로 여겨졌기 때문이다.

학자들의 연구결과 세 가지 글자로 같은 내용을 써놓은 비문(碑文)임이 밝혀졌다. 높이 1m, 폭 70㎝, 두께 약 30㎝ 크기 석판 표면에 상·중·하 3단으로 나누어 각각 다른 문자가 새겨졌는데, 정확히 말해서 상단에는 사람·짐승 따위를 형용한 상형문자(성각문자)가, 중단에는 지렁이가 꿈틀거리는 것 같은 흘림체문자(민용문자)가, 하단에는 그리스문자가 새겨져 있었다.

학자들은 무척 기뻐했다. 그리스어를 아는 이상 나머지 두 가지 문자를 푸는 일은 쉬우리라 생각된 까닭이다. 또 윗부분 상형문자는 다소 파손되어 약 3분의 1인 14줄밖에 남아 있지 않았으나 하단에 있는 그리스어를 단서로 위의 파손된 이집트문자를 해독할 수 있으리라 여겼다.

학자들은 즉시 비문 해독에 착수하였다. 그러나 어쩐 일인지 좀처럼 성과를 거두지 못했다. 발견 후 3년 만에 그리스문자 부분의 번역만 발표됐을 뿐이고, 그 누구도 상단·중단의 문자 해독에 성공하

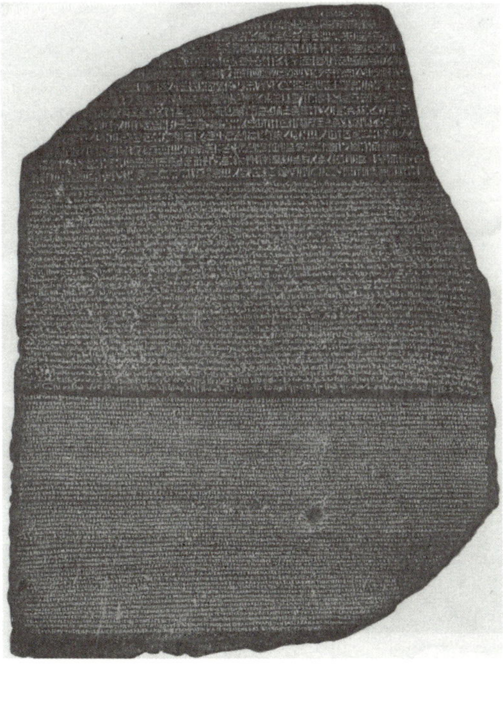

로제타 스톤
기원전 196년에 고대 이집트에서 제작되어 멤피스에 세워진 화강섬록암 비석이다. 고대 이집트어로 된 법령이 위에서부터 신성문자, 민중문자, 고대 그리스어의 세가지 문자로 번역되어 쓰여 있다.

지 못했다. 그렇다면 해독은 불가능하단 말인가? 다행히 하나의 열쇠가 있었다. 그 열쇠란, 비문이므로 로제타 스톤의 상·중·하단에 기록된 내용이 모두 같으리라는 짐작이었다. 그러나 상단의 성각문자가 완전히 해독되기까지는 20여 년 세월이 필요했다.

이집트 문자는 세 종류

가장 오래된 상형문자로 쓴 기록은 기원전 3천년 전으로 거슬러 올라가지만, 이 문자는 이집트가 로마의 지배를 받던 서기 390년까지 별다른 변화가 없었다. 그렇지만 문자에 대한 사용빈도가 높아지면서 몇 세기 동안 사용기호는 약 7백 개에서 5천 개 정도로 늘어났다.

메소포타미아의 원시 문자가 단순한 선형(線形)에서 서서히 진보하여 정교한 문자 체계로 발달했다면, 상형문자는 처음부터 진정한 문자 체계로 정착했는데 상형문자 특징은 다음 두 가지로 요약할 수 있다. 첫째, 거의 완벽하게 구어를 기록할 수 있다. 둘째, 구체적 사물뿐만 아니라 추상적 개념도 잘 나타낼 수 있다.

하지만 파피루스에 상형문자(성각문자)를 그리는 것은 상당한 기술과 인내가 필요한 작업이었다. 이토록 정교한 기호를 이용해 글씨를 쓴다는 건 일상생활에는 적절하지 못할 뿐만 아니라 빨리해야 하는 일을 시간에 맞추지 못하는 어려움이 있었다. 그래서 필경사들은 더 빨리 쓸 수 있는 필기체 상형문자를 개발해 냈다. 이것을 승용문자(僧用文字) 또는 제관문자(祭官文字)라고 했는데, 그리스 역사가 헤로도토스에 따르면 제관(祭官)들이 처음 이 문자를 사용했기에 그런 이름이 붙었다고 한다.

승용문자도 성각문자와 마찬가지로 그림문자·표음문자·한정부호를 갖추고 있었으나, 이 세 가지 요소가 복합되어 쓰이는 경우가 많았으므로 승용문자 기호는 원의 그림과는 다르게 변모되어 갔다. 기원전 650년경 성각문자와 승용문자가 함께 쓰이고 있을 때 연자(連字)를 많이 사용하는 또 다른 문자 체계가 등장했다. 연자는, 여러 개의 활자를 한 개의 활자로, 'in, the, and' 따위의 한 단어나 한 음절을 하나의 활자로 주조한 것을 말한다. 이 문자는 훨씬 빠르고 쉽게 쓸 수 있었으며, 승용문자와 마찬가지로 오른쪽에서 왼쪽으로 써 나갔다. 이걸 민용문자(民用文字)라고 하며 나중에 이집트에서 가장 널리 사용되었다.

정리해서 말하자면, 고대 이집트 상형문자는 시대와 더불어 3종 서체로 발달했다. 이를 한자(漢字)에 비유한다면 해서(楷書)에 해당하는 것이 성각문자(Hieroglyph), 행서(行書)에 해당하는 것이 승용문자(Hieratic), 초서(草書)에 해당하는 것은 민용문자(Demotic)였다. 상형문자인 성각문자는 승용문자로 바뀌었다가 더 단순한 홀림체 민용문자로 변한 것이다. 민용문자가 백성들 사이에 널리 쓰이자 승용문자는 종교적인 데만 쓰이게 되었다.

그렇지만 서기 2세기경에는 성각문자도 승용문자도 더이상 사용되지 않았다. 크리스트교가 로마제국에서 큰 세력을 형성하자, 이집트 신전은 폐쇄되고 성각문자를 읽을 수 있는 제관들도 차차 줄어들었다. 이집트 상형문자는 서기 394년을 마지막으로 하여, 그 후 1천 5백년 동안 고대 이집트의 옛 모습을 간직한 채 수수께끼에 쌓였다. 다만 고대 이집트어는 콥트어라는 이름으로 훨씬 나중에까지 사용됐는데, 이게 훗날 해독에 있어서 커다란 역할을 담당했다.

샹폴리옹의 도전

모두가 고개를 도리질하고 있을 때 이집트 고대문명의 실체를 파헤치겠다고 나선 사람은 장 프랑수아 샹폴리옹(1790~1832년)이었다. 샹폴리옹은 학창 시절 수학 성적이 나빴고 암산은 도무지 질색했지만, 어려서부터 언어에 대해서만큼은 남다른 관심과 재능을 보였다.

열한 살 때인 1801년, 맏형 쟈크가 그를 그르노블로 데려가 사립학교에 입학시켰다. 언어학자인 쟈크는 동생이 라틴어와 그리스어·히브리어를 쉽게 익히는 걸 보고는 동생을 뒷바라지했다.

그해 어느 날 유명한 학자 푸리에가 학교를 찾아왔다가 이 천재소년을 발견했다. 소년의 뛰어난 재능에 탄복한 푸리에는 샹폴리옹을 집으로 초대하여 이집트 유물들을 보여주었다. 어린 샹폴리옹은 파피루스와 돌에 새겨진 상형문자를 보고 금방 거기에 빠져들었다.

"누가 저것들을 읽을 수 있나요?"

소년의 물음에 푸리에는 고개를 가로저으며 말했다.

"안타깝게도 아무도 그걸 읽을 수 없단다."

그러자 소년은 자신 있게 말했다.

"그렇다면 제가 읽겠어요. 몇 년 안에 할 수 있을 거예요."

수수께끼에 도전을 결심한 샹폴리옹은 먼저 갖가지 언어를 연구하였다. 현재 이집트에서 쓰이고 있는 아라비아어, 옛적에 사용된 일이 있는 고대 그리스어와 근대 그리스어, 고대 이집트어를 승계한 콥트어 사전들을 사들였다. 심지어 중국어 사전도 구입했다. 성각문자는 중국 상형문자에서 흘러왔다는 설이 있었기 때문이다.

훗날 샹폴리옹은 "고고학은 아름다운 처녀다. 그러나 지참금은 없다"라고 말하곤 했다. 그는 16년간 아름다운 처녀의 보답에 대한 확실한 기대도 없이 병고 및 빈곤과 싸우면서 연구를 계속하였다. 자신의 침실 흰 벽에 붉은 잉크로 자기 이름을 성각문자로 쓴 뒤 그 이름 밑에 "장수하라, 번영하라, 아프지 말라"라는 고대 이집트의 기도문을 적었을 만큼 학문에 대한 애정만큼이나 자신의 건강을 염려하면서 연구에 매진했다.

악서(惡書)가 남긴 선입관

당시 상형문자는 수수께끼 문자라기보다 마법 기호로 여겨졌다. 그 문자는 악마의 비밀을 알고 있는 고대 이집트 제관 이외에는 그 누구도 알 수 없는 구조로 되어 있다고 그때 사람들은 믿었던 까닭이다. 호메로스와 헤로도토스 시대부터 이미 수수께끼였으며, 학자 수백 명이 도전했으나 실패로 돌아갔던 사실이 그런 믿음을 더욱 부채질했다.

로제타 스톤이 발견된 이후 민용문자가 3년 만에 해독됐지만, 학자들은 여전히 성각문자의 해독 단서조차 잡지 못했다. 그 가장 큰 이유는 '성각문자=표의문자(表意文字)'란 생각에서 벗어나지 못했던 데 있었다. 그것은 성각문자에 대한 유일한 해설서이자 4세기경 이집트 제관 호라포론이 저술한 책 《히에로글리피카》 영향이기도 했다.

학자들은 상형문자가 마지막으로 쓰인 시대에 자기들보다 더 가까이 살았던 호라포론의 풀이를 조금도 의심하지 않았다. 언뜻 보기에 그림과 다름없는 부호들을 그림문자로 풀이하는 것은 의심 살만한 일이 아니었던 탓이다.

예컨대, 호라포론의 책에서 언급한 '굽이치는 선' 세 개가 '물'을 나타내고, '깃발'이 '신(神)'을 나타낸다는 풀이를 누가 의심하겠는가. 더군다나 타조 날개를 그린 기호는 정의(正義)를 나타내는데 그 까닭은 타조 날개의 모든 깃털이 같은 크기 때문이라든가, 콘도르 기호는 어미를 뜻하는바 콘도르는 암컷만이 있기 때문이라든가 등등 이런 식으로 터무니없는 소리가 쓰여 있었으니 자유로운 상상이 이만저만 아니었다.

누가 읽어도 이치에 맞지 않는 엉뚱한 풀이였지만, 오직 그 가운데 '성각문자=표의문자'라는 견해만은 후세 학자들에게 크게 선입관으로 작용했다. 그 까닭에 샹폴리옹도 성각문자를 표의 즉 문자의 뜻으로 해석하려다가 실패를 거듭했다.

1821년 샹폴리옹은《파라오 시대의 이집트지리지》를 출판하였다. 그러나 다른 학자의 연구 결과를 인용하면서도 사전에 양해를 구하거나 인용했음을 표시하지 않았던 탓에, 샹폴리옹은 학계에서 배척당했다. 그런데 그 책 속에 천재적 착상이 있었다.

"고대 이집트인은 모음을 무시하고 쓰지 않을 때가 많다."

샹폴리옹은 상형문자 가운데 일부는 자모(字母)이고 일부는 음절이며 일부는 앞에 나온 개념이나 사물 전체를 나타내는 지시대명사라는 사실을 처음으로 발견했다. 이집트문자가 상형문자로부터 알파벳을 사용한 표음문자로 발전해왔고, 이집트문자는 단일 자음으로 구성되어 있다는 사실이 샹폴리옹에 의해서 부분적으로 밝혀진 것이다. 이 발견은 상형문자 해독을 위한 첫 성공이었다. 하지만 본격적으로 해독되기까지는 아직도 시일이 필요했다.

해독 단서는 의외의 곳에

해독 단서는 간단한 것에 있었다. 1821년 12월 23일, 샹폴리옹은 자기 생일에 매우 단순하나 중요한 일에 문득 생각이 미쳤다. 언뜻 보기에 성각문자와 그리스문자 비율이 3분의 1에 해당한다는 점이 무언가 이상하다고 느껴졌다. 그는 로제타 스톤의 성각문자 수와 대등한 그리스어 낱말 수를 전부 세어보았다. 그 결과 성각문자 1419개, 그리스문자 486개라는 수치가 나왔다.

486개의 그리스문자 대(對) 1419개의 성각문자. 이것은 성각문자가 그때까지 생각되고 있었던 바와 같은 표의문자가 아니라는 걸 의미한다. 그렇지 않다면 자수(字數)가 지나치게 많다. 성각문자의 하나 하나가 표의문자라면 상응하는 그리스문자 486개 단어에 가까운 수치의 성각문자로 되어있어야 할 것이기 때문이다. 성각문자를 표의문자로 볼 수 없다는 결론이 나왔다.

다음으로 1419개 성각문자를 166종(種) 문자로 나눌 수 있으므로, 표음문자이긴 하지만 알파벳 방식은 아니라고 생각했다. 더구나 166가지 알파벳으로 된 문자라면 실용적인 게 못되기 때문이다.

샹폴리옹은 처음부터 다시 생각해보았다. 그리하여 외국 고유명사를 나타내는 데는 반드시 표음 즉 문자로 소리를 나타낸 성각문자가 있으리라 확신했다. 이미 해독된 민용문자에도 같은 경우가 있었으므로, 어쩌면 여기에 돌파구가 있으리라는 기대를 품었다. 그는 선

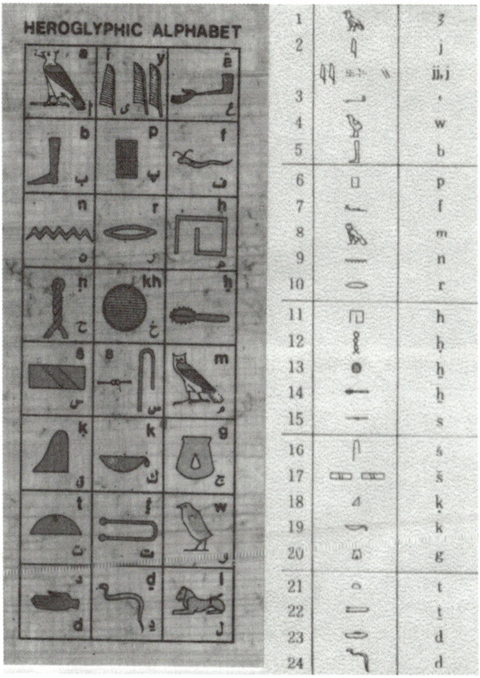

성각문자 알파벳
이집트 성각문자의 알파벳은 표와 같다.

인들의 연구 내용을 면밀히 검토한 후, 성각문자가 알파벳과는 다른 표음문자임을 거듭 확신했다.

카르투슈를 주목하다

상폴리옹은 국왕 이름에 주목하였다. 신(神)처럼 숭배되는 파라오인 만큼 특별한 기호로 표시되리라 짐작했기 때문이다. 그는 상형문자를 둘러싼 타원형 테두리인 카르투슈를 주목했다. 성각문자에서는 신(神)·국왕·여왕의 이름이 타원형 선으로 둘러쳐져 있음을 이미 알고 있었기에, 국왕 이름부터 단계적으로 풀어나가야겠다고 생각한 것이다.

그는 우선 로제타 스톤의 그리스문자에서 '프톨레마이오스'를 골라냈다. 프톨레마이오스 5세의 공적을 찬양하는 그리스어 텍스트에서 힌트를 얻어 카르투슈 안의 기호가 갖는 음가를 알아내 프톨레마이오스라고 읽었기 때문이다.

다른 한편으로 프톨레마이오스 시대는 기원전 332년 알렉산드로스 대왕의 원정에 이은, 그리스인 통치 왕조 이름이므로 마땅히 이집트에는 외국 고유명사에 해당한다. 그 '프톨레마이오스'를 콥트어→민용문자→승용문자→성각문자와 견주어보았다. 다시 다른 파피루스의 민용문자를 출발점으로 하여 또 하나의 그리스어에서 온 고유명사 '클레오파트라'를 성각문자로 바꿔놓아 보았다. 이 두 자를 선택한 까닭은 이 두 자 사이에 P·T·L 따위의 공통음이 있었기 때문이다.

샹폴리옹은 두 가지 성각문자 이름을 비교 분석해 대략 다음과 같은 결과를 얻었다.

- 클레오파트라의 K에 해당하는 첫째 기호는 Ptolemaios에는 없다.
- 사자를 그린 제2의 기호는 L음이며, Ptolemaios의 넷째 발음에 해당한다.
- P음은 Ptolemaios의 첫째 기호이며, 클레오파트라의 다섯째 기호가 된다.

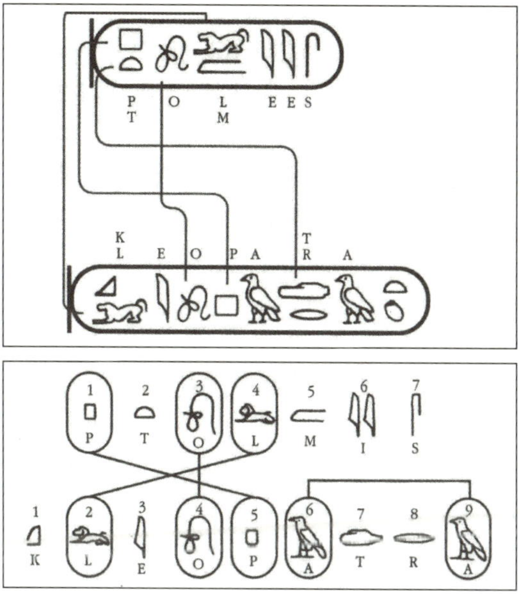

카르투슈
카르투슈(1)를 풀면
프톨레마이오스와
클레오파트라(2)가 나타난다.

이 발견은 성각문자 해독을 위한 두 번째 성공이었다.

그는 이어 성각문자 음가(音價)를 탐구하였다. 상폴리옹은 어느 파피루스 문서에서 클레오파트라라는 이름이 민간문자로 어떻게 씌었던가를 알고 있었으므로, 이걸 성각문자와 바꾸어놓아 보았다. 성각문자에 의해 '클레오파트라'와 동일한 철자로 표기된 문자가 실제로 각문(刻文)에서 발견되기만 하면 실마리가 풀리는 셈이었다.

그가 탐구한 성각문자 음가는 정확하였다. 이걸 로제타 스톤 각문 안에 있는 왕의 고유명사에 맞춘 결과, 하나하나 성각문자 음가가 판명되었다. 상폴리옹은 이런 방법으로 80% 이상 성각문자를 판독했고, 1822년 9월 9일 프랑스학술원에서 132개 문자로 이루어진 성각문자 알파벳을 발표했다. 샹폴리옹이 서른두 살 때 일이었다.

태양신 '라'

1822년 9월 14일 샹폴리옹은 그날 아침까지 파라오 이름 25개를 풀었다. 이제 마지막 남은 두 개를 놓고 씨름하던 그는 아침 일찍부터 친구인 건축가가 이집트에서 보내준 비문(碑文) 사본을 보았다. 그는 그 가운데 한 장인 아부심벨신전 비문에 카르투슈가 몇 개 있음을 주목했다. 그 상형문자가 왕이나 왕비 이름이라는 건 이미 알고 있었다. 이 방법을 사용해서 비문에 적혀 있는 이집트 고대의 파라오, 그러니까 알렉산드로스 대왕이 정복하기 이전의 이집트 왕 이름을 해독할 수 있을 것인지, 만일에 성공하지 못하면 처음부터 다시 시작해야만 할 일이었다.

카르투슈 안의 상형문자(도판 참조) 중 ①에 나타나 있는 마지막 문자 ss, ②는 m으로 밝혀져 있었다. 나머지는 ☉(③)을 어떻게 읽느냐이다. 샹폴리옹은 이를 태양의 원(圓)이 아닌가 생각했다. 그렇게 고민하던 점심때였다. 그는 불현듯 고대 이집트 언어를 이어받은 콥트어에서 태양신을 'Ra(라)'라고 발음한다는 점을 생각해냈다. 거기다가 이집트어에서 가끔 생략되는 모음 e를 집어넣자 Ramses(람세스)

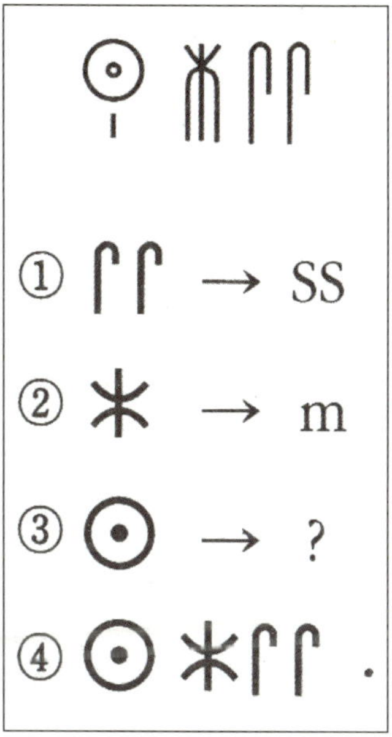

해독 순서와 람세스 조각상
람세스의 해독은 ①②③④의 순서로 진행되었다.

가 되었다. 그렇다면 ④에 모음(母音)을 집어넣으면 Remses·Rameses ·Ramses가 된다.

"이는 유명한 람세스 대왕 이름이 아닌가."

샹폴리옹은 기쁨과 긴장감에 싸이면서 다음 카르투슈를 풀어보았다. 과연 여기서도 '토토메스'라는 또 다른 유명한 파라오 이름을 해독할 수 있었다. 샹폴리옹은 그 즉시 프랑스학술원에서 일하고 있는 형 쟈크에게로 달려갔다. 허겁지겁 형의 방으로 뛰어든 그는 "풀었어요!"하고 외치자마자 그대로 실신하여 쓰러졌다. 실제는 매우 복잡한 과정을 밟았으나, 샹폴리옹은 이같이 하여 마침내 상형문자 푸는 기본원리를 발견한 것이다.

어렵게 해독한 비문 내용은, 기원전 196년에 개최된 멤피스 신관 회의에서 당시 이집트 왕 프톨레마이오스 5세 즉위식을 축하하고, 왕의 공덕을 기리는 결의문으로 밝혀졌다. 샹폴리옹의 업적은 단순히 로제타 스톤 해석으로 끝나지 않고 이제 웬만한 이집트 고대 기록 해독으로 이어졌다.

샹폴리옹은 1828년 7월부터 이듬해 12월까지 이집트를 여행했다. 여기서 그는 자기의 풀이가 옳음을 확인하였다. 모든 신전·왕궁·무덤들의 비문이 그의 풀이와 딱 들어맞았다. 그가 이집트에서 돌아오자 프랑스 국왕 샤를르 10세는 칙령을 내려 이집트학 강좌를 열도록 했다. 하지만 그는 콜레주 드 프랑스의 초대 교수로 취임하고 얼마 지나지 않아 불치병에 걸렸다. 샹폴리옹은 1832년 3월 4일 "너무나 이르다. 아직 할 일이 태산 같은데……"라는 임종의 말을 남기고 마흔두 살 나이에 이 세상을 떠났다.

이집트 상형문자 읽는 법

고대 이집트인의 문자 체계를 가리키는 상형문자는 신들을 위한 글자였다. 일반적으로 신의 이름이나 파라오 이름 둘레에는 타원형 테두리 장식을 둘렀다. 이렇게 하면 그 신성함을 한눈에 알아볼 수 있기 때문이다. 또 이집트 서기는 파피루스에 글을 쓸 때 검은 잉크와 붉은 잉크가 들어있는, 구멍 두 개짜리 잉크병을 사용했는데, 붉은 잉크는 신의 이름을 쓸 때만 사용했다.

일반적으로 상형문자는 오른쪽에서 왼쪽으로 읽을 수 있는데, 앞에 놓인 사람이나 새의 머리 방향으로 문장의 방향을 지시했다. 글씨를 읽는 사람들도 같은 방향으로 눈을 굴리라는 뜻이었다.

그러나 실제로 늘 그렇게 간단한 것은 아니었다. 예를 들면, 기념비나 신전 벽이 오시리스나 아누비스 같은 중요한 신이나 파라오 조각상 바로 옆에 위치하면 문장 앞에 놓인 인간이나 새의 얼굴은 그 조상을 정면으로 바라보아야 했다. 이렇게 되면 읽는 방향이 바뀔 수도 있어 문장 해독이 더욱 어렵게 되었다. 상형문자는 또한 밑에서 위로 쓸 수도 있었고 좌우로 1행씩 교대하는 좌우 교대 서식으로 쓸 수도 있었다.

그뿐만이 아니라 이집트인들은 색채에도 의미를 두었다. 하늘은 청색, 땅은 적색, 달은 황색으로 표시하고, 남자 옷은 언제나 흰색, 여자 옷은 색감을 풍부하게 나타냈다. 그리고 여자 피부는 황색으로 남자 피부는 갈색으로 칠했다.

그런가 하면 이집트 상형문자는 한 단어에 뜻만 아니라 소릿값도 갖고 있으며 종종 모음 e가 생략된다. 예컨대 그림 세 개로 구성된 문자일 경우 앞의 두 기호는 소리를 나타내고, 마지막 그림은 의

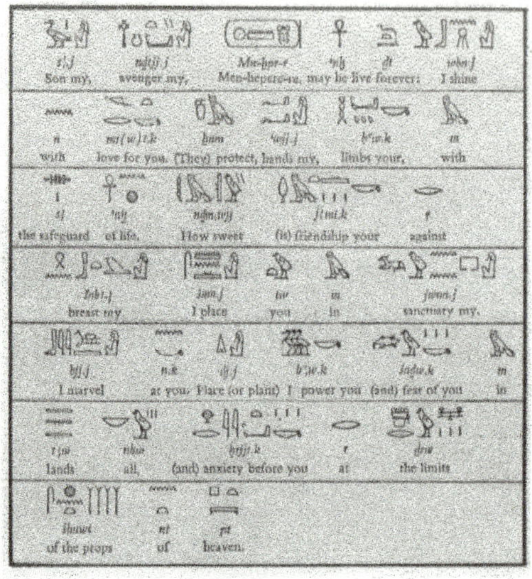

이집트 상형문자 읽는 법
맞춤법도, 마침표도
없다는 것은
이집트 상형문자 특징이다.

미를 나타낸다. 서두 '문제 2'의 경우 처음 입술 모양은 'r(ㄹ)'로 발음하고 다음 올빼미 모양은 'm(ㅁ)'으로 발음하며 마지막 그림문자는 '물고기'를 뜻한다. rm은 모음이 없으므로 생략된 e를 자음 사이에 넣으면 rem으로 읽을 수 있는바, 발음은 '렘(rem)'이고 뜻은 '물고기'인 것이다.

이런 어려움에도 불구하고 샹폴리옹이 풀어낸 상형문자 기본원리는 오늘날에도 그대로 적용되고 있다. 달라진 것이 있다면 132개 문자로 이루어진 샹폴리옹 알파벳은 현재 24개로 정리되어 있다는 점이다. 이를 보면 고대 이집트어에는 h음이 네 가지나 있는 한편, l과 r의 구별은 없었음을 알 수 있다.

현대 학자들은 예외 없이 상폴리옹이 밝힌 이론으로 이집트 상형문자를 해독하고 있다. 이제는 한 비문을 읽을 때, 첫 번째 줄은 오른쪽으로부터 왼쪽으로 읽고, 두 번째 줄은 왼쪽에서부터 읽는다는 것까지도 알고 있다.

하지만 그렇다고 모든 이집트 상형문자가 풀린 건 아니다. 4천년 세월 동안 상형문자가 계속 변해온 까닭에 조금씩 차이가 있기 때문이다. 상형문자 가운데 어떤 것은 알파벳과 같은 소리를 나타내고, 어떤 것은 부호 하나가 그대로 한 낱말이기도 하며, 또 어떤 부호는 그 하나로 아주 복잡한 개념을 나타내기도 한다. 이 수수께끼를 다 풀려면 또 한 명의 천재가 나타나야 할 것이다.

한편 문제의 정답은 각각 다음과 같다.

문제 1의 발음은 클레오파트라(정답 ②)

문제 2는 발음은 '렘', 뜻은 '물고기'(정답 ②)

암호의 구성원리

이집트 상형문자 활용법

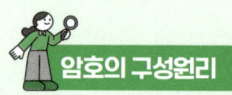

- 대체로 앞에 놓인 사람 · 새의 머리 방향으로 문장을 읽는다.
- 한 단어에 뜻만 아니라 소릿값도 갖고 있다. 예컨대, 그림 세 개로 구성된 문자일 경우 앞의 두 기호는 소리를 나타내고 마지막 그림은 의미를 나타낸다.
- 맞춤법이나 마침표는 없다.
- 가끔 모음 e를 생략한다.

위 원리를 이용할 경우 앞에는 소리를 표시하고 마지막 그림으로 대상을 나타내는 암호를 만들 수 있다.

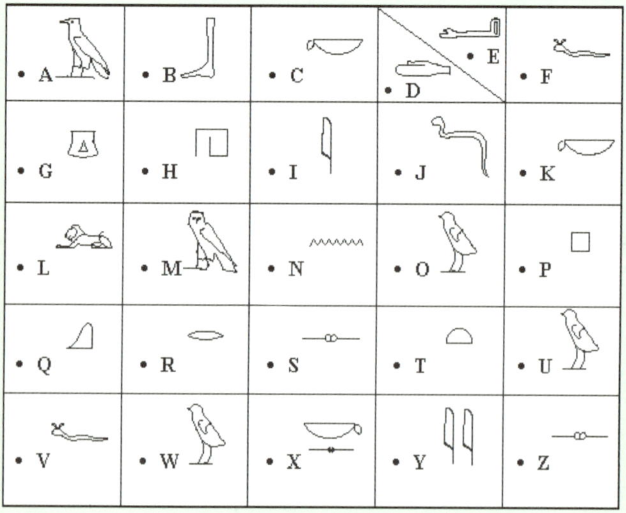

이집트 문자와 알파벳

페니키아문자와 알파벳

문제

PLS B ADVSD THT H S SP.

적국에 잠입한 스파이가 본국 정보부에 긴급히 위와 같은 전보를 쳤다. 무슨 뜻일까?

① 그 공장이 많이 발전했다는 사실을 알고 계십시오.

② 그가 간첩이라는 사실을 알고 계십시오.

③ SP 공장에서 TNT 폭탄이 대량 생산되고 있습니다.

④ S 도시를 집중공격하기 바랍니다.

앞 전문의 앞부분은 텔렉스가 통신매체로 쓰이던 초창기 시절에 무역용어로 상용되던 문장 중의 하나다. 초기 텔렉스에서는 시간을 절약하기 위해 문장의 모음을 다 빼버리고 자음만 이용하여 자판을 눌렀는데, 원문대로 친다면 'PLEASE BE ADVISED THAT HE IS SPY'가 된다.(문제 정답 ②)

그런데 현대인의 지혜일 것 같은 이런 통신기법 유래는 멀리 고대 페니키아로 거슬러 올라간다. 그 세계를 탐험해보자.

음성표기의 신데렐라, 알파벳

세계에서 가장 오래된 알파벳으로 추정되는 문자판은 영국 고고학자 플린더스 피트리가 시나이반도에서 발견했다. 그것은 돌로 된 스핑크스에 적혀 있었다. 그 문자는 이집트 성각문자와 비슷했으나 아무리 풀어보아도 이집트어로는 해독되지 않았다. 그 후 학자들이 더욱 자세히 연구한 결과, 이집트문자를 빌려 셈어를 기록한 것임이 판명되었다.

학계에서는 이 문자를 '원(原)시나이 문자'라고 부르는데, 이는 알파벳 근원이 되었다. 왜냐하면, 그 모양 자체는 이집트 상형문자이지만, 표기에 있어서 뜻은 생각지 않고 발음만 채택했기 때문이다. 예컨대, 쇠머리 모양 문자(도판 참조)를 셈어에서는 '알레프'라고 하는데, 여

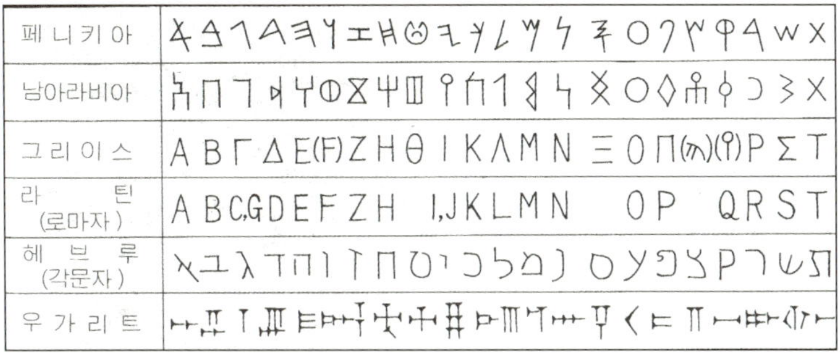
페니키아
남아라비아
그리이스
A B Γ Δ E (F) Z H Θ I K Λ M N Ξ O Π (ϻ) (Ϙ) P Σ T
라틴 (로마자)
A B C,G D E F Z H I,J K L M N O P Q R S T
헤브루 (각문자)
우가리트

문자 대조표
페니키아의 알파벳을 중심으로 한 문자 대조표

기서 '아'는 모음이 아니고, 목구멍에서 나오는 강한 자음이다. 셈인은 이 쇠머리 형용문자를 그 자음인 '아'를 표기하는 문자로 정하여 알파벳으로 사용했다. 마찬가지 방법으로, 집을 형용한 상형문자는 셈어에서 베트 어두(語頭)인 b음으로 표기했다. 이렇게 하여 세계에서 가장 오래된 원시나이 문자 알파벳이 만들어졌다.

이 원시나이 알파벳은 점차 지중해 연안 가나안 지방 북쪽 지역으로 퍼졌다. 그리하여 지중해 무역을 통해서 외국과 교섭을 가졌던 페니키아인에 의해서 크게 활용되고 또 발전되기에 이르렀으니, 이 문자는 음성표기의 신데렐라인 셈이다.

페니키아는 기원전 3천3백년 현재의 레바논 해안지대에 번영했던 고대민족의 총칭으로, 그 어원은 이집트인이 기원전 2천5백년경부터 그들을 페네프라고 불러온 데 있다. 그들은 그 고장의 선주민을 흡수한 셈계 언어를 사용하는 인종이었다. 로마인들은 그들의 도시를 '카르타고', 카르타고 사람을 '포에니'라고 불렀다.

레바논 해안지대에서는 협소한 토지를 이용한 과일 재배는 가능했으나, 더욱 번성하려면 바다를 이용할 수밖에 없었다. 자연스레 그들은 항구 도시국가를 형성하고, 크레타·이집트·메소포타미아 3대 문명의 가운데에 위치한 좋은 조건을 이용하여 교역 활동에 주력하였다.

항해술이 발달하고, 주민 대부분이 참여하는 상업이 발전하자, 누구나 간단히 배우고 쓸 수 있는 문자가 필요해졌다. 그 결과 남북 양쪽 지방에서 각각 글자를 창안하여 두 종류의 문자가 만들어졌다. 둘 중에 22자 자음으로 된 남쪽 지방 알파벳이 전국에 보급됐고, 이때의 페니키아문자는 뒷날 그리스어의 처음 부분 22문자에 거의 그대로 채택되었다.

세계 최초 아프리카 일주 항해

페니키아인은 최초로 아프리카 일주 항해를 달성하기도 했다. 기원전 7세기에 행해진 아프리카 일주 항해는 이집트 국왕 명령에 따라 실행됐으며, 페니키아인의 명성을 크게 떨쳤다. 그들은 홍해를 출발해 남하하는 길에 식량이 떨어지면, 부근에 상륙하여 농사지어 조달하면서 3년 만에 서아프리카, 지브롤터해협을 거쳐서 이집트로 되돌아왔다. 그 사건에 대해 고대 그리스 역사가 헤로도토스는《역사》에 다음과 같이 기록했다.

"아시아에 접하는 부분을 제외한 리비아 사면이 바다로 둘러싸여 있다는 것은 그 지형에서 저절로 명백해지는 바인데, 우리가 아는 한 이걸 최초로 증명한 사람은 이집트 왕 네코였다. 그는 나일강에서 아라비아만으로 통하는 운하 건설을 중지시킨 후 페니키아인을 탑승시킨 선단을 파견했는데, 그때 귀로에 헤라클레스 기둥을 지나 지중해를 경유해 이집트로 귀환하라고 명했다. 그리하여 페니키아인들은 홍해에서 출발하여 남쪽 바다로 항해하여 갔다. 그리고 가을이 되면 마침 그때 지나던 리비아 땅에 상륙하여 곡물 씨앗을 뿌리고 다음 해 수확할 때까지 기다렸다. 그리고 나서 곡물을 수확하여 거둬들인 다음 항해를 다시 시작했다. 이런 식으로 항해하여 2년이 지난 후 3년째에 접어들어 헤라클레스 기둥을 우회하여 이집트로 귀환했다. 그리고 그들은 리비아 남단을 돌아 서쪽으로 항해하니 언제나 태양이 오른쪽에 있었다고 보고했다."

인용문을 보면 헤로도토스는 '태양이 우측, 즉 북쪽에 보였다는 이야기는 믿을 수 없는 것'이라고 기술하였다. 그러나 오히려 이 사실은 남반구에서 볼 수 있는 당연한 현상으로서, 오늘날 아프리카 최초 일주의 영예를 페니키아인에게 안겨주는 명확한 증거가 되고 있다.

알파벳 유래

일반적으로 표음문자 사용은 아람 유목민들의 메소포타미아 유입과 같은 대규모 인구 이동, 페니키아인들이 지중해에서 벌인 교역 활동, 그리고 정치 또는 종교 권력에 의해서 전파됐다는 분석이 지배적이다.

그러나 이 문자가 성공하게 된 주된 이유는 쓰기 불편한 쐐기문자나 고대 이집트의 복잡한 상형문자보다 훨씬 더 쓰기 쉽다는 데 있다. 당시 여러 민족이 앞다투어 페니키아문자 체계를 빌려 자신들의 사정에 맞춰 문자 체계를 수정했던 게 그 점을 증명한다. 이렇게 해서 아람문자·헤브루문자들이 생겨났고, 이를 다시 수정 변형하여 그리스문자와 이슬람문자가 탄생했다.

그리스인은 기원전 1천년경 페니키아인과의 무역을 통해서 처음으로 페니키아문자를 접했다. 그리스인은 페니키아문자가 매우 편리하다는 걸 깨닫고 즉각 자신들도 사용했다. 이때 그리스인은 자신들의 취향에 맞도록 알파벳 체계를 다듬어 오늘날 영어의 기원이 되는 결과를 낳았다.

그리스인은 우선 쓰는 방식부터 바꾸었다. 그들은 페니키아인과는 달리 왼쪽에서 오른쪽으로 쓰는 방식을 택하였고, 글자는 페니키아 글자와 반대 방향 모습으로 만들었다. 처음에는 소가 쟁기로 밭을 갈 듯이 우에서 좌로, 그리고 좌에서 우로 번갈아 쓰기도 하고, 때로는 아래로부터 위로 쓰기도 하였으나, 마침내 왼쪽에서 오른쪽으로 쓰는 좌횡서로 통일했다. 이는 알파벳이 발명된 이래의 대변화로서 오른손잡이의 글쓰기를 적극 감안한 조치였다.

기본적으로 페니키아인이 사용하던 알파벳 순서와 명칭은 거의 바꾸지 않았다. 예를 들어, 알레프(aleph)·베트(beth)·기멜(gimel)은 각각 알파(alpha)·베타(beta)·감마(gamma)가 되었다. 영어 ABC…를 의미하는 '알파벳'이란 그리스문자의 알파와 베타를 합쳐 부른 것인데, 이 말은 페니키아문자의 알레프(황소)와 베트(집)에 어원을 두고 있다.

그리스문자 특징

또 하나 그리스인의 뛰어난 개량은 모음 확립이었다. 페니키아인은 자음만 쓰고, 모음은 글을 읽는 사람이 문법에 따라서 적당히 직접 채워 넣도록 했다. 모음의 수가 적은 페니키아문자에서는 이게 별다른 문제가 되지 않았다.

그러나 사용하는 모음이 많은 그리스인에게는 아주 곤란했다. 다행스럽게도 페니키아문자 중에서 모음으로 사용할 수 있는 자음이 몇 개 있었다. 예컨대, 셈어의 쇠머리를 형용한 알레프를 그리스인은 목구멍을 벌린 채로 내는 모음 '아'로 사용했다. 그리고 이 문자는 그리스어에서는 '알파'로 굳어졌다.

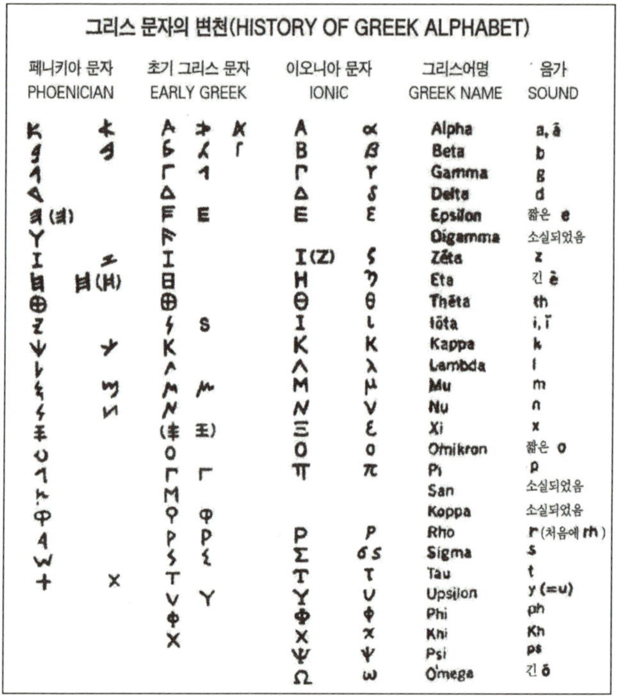
그리스 문자의 변천(HISTORY OF GREEK ALPHABET)
페니키아 문자 PHOENICIAN
초기 그리스 문자 EARLY GREEK
이오니아 문자 IONIC
그리스어명 GREEK NAME
음가 SOUND
Alpha
Beta
Gamma
Delta
Epsilon
Digamma
Zēta
Eta
Thēta
Iōta
Kappa
Lambda
Mu
Nu
Xi
Omikron
Pi
San
Koppa
Rho
Sigma
Tau
Upsilon
Phi
Khi
Psi
Omega
짧은 e
소실되었음
긴 ē
짧은 o
r (처음에 rh)
y (=u)
긴 ō

그리스문자 변천
페니키아문자로부터 그리스문자까지의 변화

또한 그리스인은 모음을 표기하기 위해 아람어 알파벳에서 특정 기호를 빌려 오는 아이디어를 생각해냈다. 아람어 자음 중 그리스어에 없는 걸 골라 모음으로 삼자는 것이었다. 이렇게 해서 A(알파)·E(엡실론)·O(오미크론)·Y(업실론) 등이 생겨났다. I(이오타)는 그리스인이 기존 글자를 변형해 만들었다. 그리하여 기원전 5세기에 들어서 그리스어 알파벳이 완전히 정착했다.

이후 그리스어에서는 모음이 차지하는 의미가 훨씬 더 커서, 예컨대, 어떤 단어는 첫머리에 모음을 붙여야만 다른 단어와 구별되기도 했다.

모두 24자인 그리스어 알파벳은 자음이 17개, 모음이 7개였다. 그리스어 알파벳에는 대문자와 소문자가 있었는데, 돌에다 글씨를 새길 때는 대문자를 썼고, 파피루스나 밀랍판에 쓸 때는 소문자를 널리 썼다. 이 그리스문자는 이윽고 이탈리아반도에 거주한 에트루리아인이 받아들여 에트루리아의 알파벳으로 되었고, 그 후에 로마인에 의해서 라틴 문자, 즉 오늘날의 로마자가 되었다.

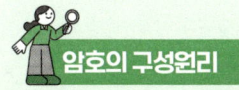

암호의 구성원리

알파벳 모음 생략법

자음과 모음을 섞어 발음하는 원리인데, 모음을 빼고 자음만 써서 암호를 만들 수 있다. 이 경우 어떤 모음으로 읽어야 할지 헷갈린다면 모음 하나(혹은 두 개)만을 뺀 자음·모음 문자로 하면 된다. 예컨대, 모음 o만을 생략하기로 했다면, "I love You"는 "I lve Yu"가 된다.

잉카 결승문자
(結繩文字)

문제

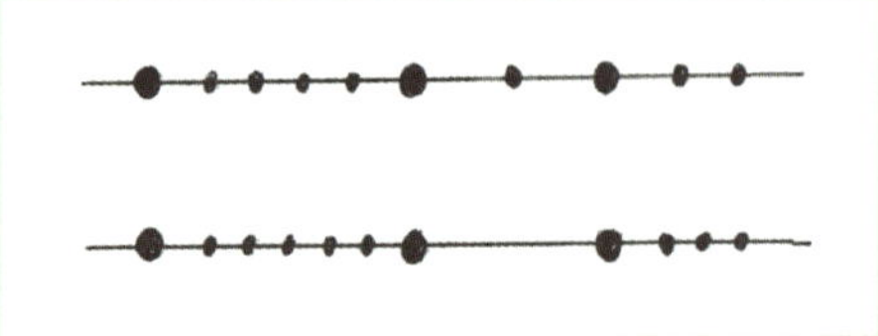

1917년 11월, 오스트리아의 비밀첩자 한 명이 적국 동태를 살피러 프랑스에 잠입했다. 그의 임무는 어떤 부대가 어느 곳에 있는지를 알아내는 것이었다. 얼마 후 2개 연대의 위치를 파악한 그는 두 줄 노끈으로 200쪽과 같은 암호 보고를 하였다. 무슨 뜻일까?

① 이곳에는 폭격기 10대와 전투기 11대가 있다.

② 이곳에는 탱크 6대와 박격포 15문이 있다.

③ 이곳에는 참모총장·대장·중장·소장·준장 각 1명씩 있다.

④ 이곳에는 412연대와 503연대가 있다.

오스트리아의 정보장교가 본국에 보고한 위 암호문은 문서가 아닌 새로운 형태의 암호통신이었다. 얼핏 허술하게 보이는 방법이지만 오히려 그 점 때문에 검열을 쉽게 통과했는데, 그 내용은 부대 번호가 412연대와 503연대임을 밝힌 것이었다.(문제 정답 ④)

위 암호문을 만든 방법은 이러했다. 적당한 털실이나 재봉실 따위 끈에 같은 간격으로 큰 매듭을 3개 만든다. 그리하여 이들 매듭 간에 1의 자릿수, 10의 자릿수, 100의 자릿수를 기억시킨다. 100의 자릿수는 첫 번째와 두 번째 큰 매듭 사이에, 10의 자릿수는 큰 매듭 두 번째와 세 번째 사이에, 1의 자릿수는 세 번째 큰 매듭 뒤로 정한다. 따라서 이 암호는 412연대와 503연대로 풀어낼 수 있다.

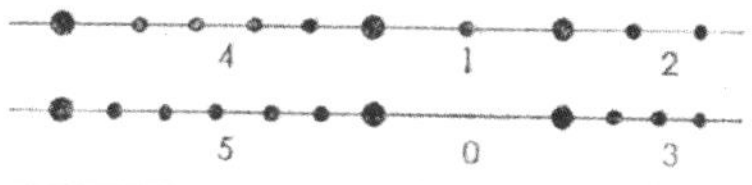

그런데 이렇게 끈을 이용하여 암호를 만드는 방법은 20세기 현대인들의 아이디어가 아니었다. 그 유래는 잉카 시대로 거슬러 올라간다.

잉카인이 문자를 사용하지 않은 까닭

'잉카(Inca)'란 본시 12세기경 쿠스코(Cusco) 분지 부근에 살던 작은 부족의 통치자 이름이었다. 잉카인들이 '세계의 배꼽'이라 불렀던 쿠스코는 태양신 비라코차에게 제사 지내는 태양 신전과 태양신의 아들이자 그들 통치자인 잉카 궁전이 있는 곳이었다. 이곳에서 부족국가를 이루고 살던 잉카족은 15세기 초 정복을 시작해 1백년 만에 약 1천2백만 명에 이르는 안데스산맥 주민들을 지배하였고, 본래 잉카족과 그 지배를 받던 부족을 총칭하여 잉카로 불렀다.

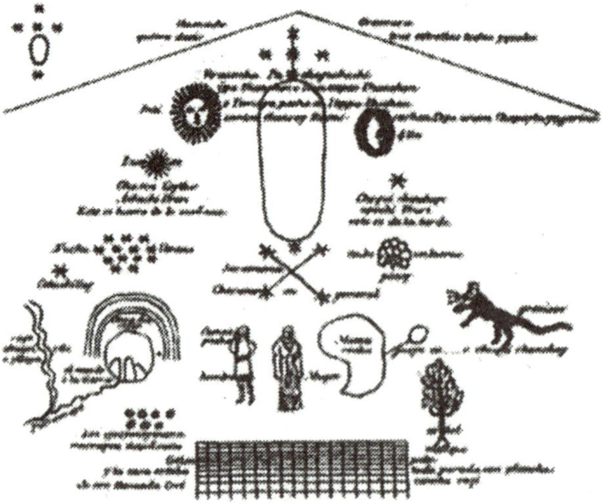

잉카의 세계관
비라코차(가운데 타원)가 창조한 이원적인 세계, 왼쪽은 해·낮의 영역이고, 오른쪽은 달·밤의 영역이다.

잉카족은 정복한 종족에서 차출한 많은 사람들을 강제로 이주시켜 제국 전역에 흩어져 살게 했으며, 이를 통해 조직적 반란을 어렵게 함으로써 정치적 안정을 확보했다. 잉카 사회는 상당한 계층분화가 이루어졌는데, 통치자는 귀족 관료의 도움으로 제국을 다스렸으며, 억압적 권력을 행사하는 경우가 많았다.

또한 잉카족은 발달된 도로망을 적극적으로 활용하여 제국을 확실히 장악했다. 그들이 제국 전역에 건설한 도로망은 무려 3,600㎞에 달하며, 해안과 안데스산맥을 따라서 형성된 두 개의 남북 종단도로로 이루어져 있었다. 이밖에 지역 전체를 연결하는 많은 교차로가 있었으며, 덩굴로 지탱하는 줄다리도 상당수 건설되어 있었다. 험준한 협곡을 잇는 줄다리는 잉카 제국의 주요한 다리였는데, 이런 다리들은 사람 허리만큼 굵은 끈으로 만들었다.

잉카인들은 이 도로망을 따라 잘 조직된 역마제도를 통해 하루 240㎞ 속도로 결승문자를 이용해 소식을 전했다. 훗날의 일이지만 역설적이게도 이 도로망 덕분에 스페인사람들은 잉카 제국을 아주 쉽게 정복할 수 있었다.

잉카족의 토목기술은 대단했다. 돌 수천 개를 쌓아 성벽을 만들면서 돌과 돌이 이어지는 부분에 바늘 하나 지날 수 없을 만큼 빈틈없이 다듬었다. 심지어 어떤 돌은 ㄱ자 혹은 ㄴ자의 형태로 깎여져 있지만 놀라울 정도로 빈틈이 없었다. 잉카인의 이러한 돌 다루는 솜씨는 과학기술이 발달한 오늘날 재현할 수 없을 정도로 대단함 그 자체였다.

그런데 남아메리카에서 최강을 자랑했던 잉카 제국은 고도 문명을 이룩했음에도 불구하고 문자를 사용하지 않았다. 아예 문자가 없었던 것은 아니며, 고의로 사용하지 않았다. 왜 그랬을까?

문자 사용을 피한 데에는 이유가 있었다. 어느 해 잉카 전역에 전염병이 퍼져서 많은 주민이 목숨을 잃었다.

"틀림없이 신이 노했다. 신이 인간에게 내린 벌이 틀림없다."

통치자는 목욕재계하고 신의 용서를 기도했다. 그러나 질병의 사나운 기세가 그치지 않았다. 통치자는 다시금 최고 신인 비라코차에게 물었다.

"어떻게 하면 노여움을 푸시겠습니까?"

신은 대답했다.

"문자 사용을 금하라."

이는 지상명령이었다. 그때까지 사용하던 문자는 모두 없애도록 지시되었다. 천 조각에 쓰인 문자는 태워 없애고, 돌 위에 새긴 문자는 깎아버렸다. 금지령은 매우 엄하게 시행되었다. 문자를 아끼는 학자이자 신관 아마우타가 새로운 문자를 고안했으나, 즉각 체포되어 군중 앞에서 불태워 죽임을 당했다. 제국의 수도 내에서는 물론 정복지에서도 문자를 사용한 자들에 대해서는 엄히 벌했고 심한 경우 문자 사용을 이유로 부족 전원을 몰살시킨 사례도 있었다. 너무나 기이한 이유로 문자를 없앤 셈이었다.

결승문자 읽는 법

잉카족은 수준 높은 문명을 창출했지만, 문자를 사용하지 않은 까닭에 잉카 전통은 제대로 계승되지 못했다. 공식 직책이었던 암송자(暗誦者)를 통해 여러 세대 동안 보존되어온 구비 전설이 잉카 역사의 전부였다.

하지만 광활한 영토 통일을 유지하기 위해서는 황제 명령을 지방 관리들에게 전해야 할 통신문이 필요했다. 잉카 제국은 통신문 전달을 위해 잘 다듬어진 도로 곳곳에 역을 설치하여 전령을 두었으며, 어떤 형태로 전달하느냐 하는 문제만 해결하면 되었다.

잉카 결승문자
심부름꾼이 키푸를 펼쳐 보이고 있다.

그리하여 탄생한 게 '키푸(khipu 혹은 quipu)'라는 암호용 노끈이었다. 1m 남짓한 굵은 끈에 가는 노끈을 줄줄이 매달아 특정 내용을 전달하는 방식이었다. 이는 문자 역할을 하므로 '결승문자(結繩文字)' 또는 '매듭문자'라고 불렀다.

잉카의 키푸는 한 가닥 굵은 노끈(키푸)에 최고 100개까지 여러 가지 색깔로 물들인 가느다란 끈을 매어 다는 형태로 만들어졌다. 작은 끈 하나하나에 여러 가지 매듭이 만들어졌으며, 전하고자 하는 뜻과 수치가 포함되었다. 다시 말해 노끈을 어떤 방법으로 매고 끈 색깔이 어떠냐에 따라서 동식물·광산물·지역별·인구·거리·연·월·일·천문·지리 등 온갖 수(數)와 양(量)을 기록할 수 있었다.

숫자 단위는 노끈의 첫 단을 1단위로 하고, 위로 갈수록 큰 단위 수가 되도록 했다. 또 끈 색깔로도 많은 뜻을 전달하였다. 예를 들어, 노란색은 황금, 흰색은 은(銀), 붉은색은 병사(兵士), 검은색은 달력 날짜, 갈색은 감자 등이다. 그러므로 전령이 붉은 끈에 몇 개의 매듭이 지어진 노끈을 전달하면 '병사 몇 명을 보내라'라는 뜻으로 통했다.

이리하여 잉카 학교에서 키푸 해독법을 배운 자들은 지방에 파견되어, 문자를 사용하듯이 새끼줄과 끈과 매듭으로 모든 지시와 정보를 알렸다. 지금도 잉카 후손들은 이 매듭을 이용하여 가축의 수를 헤아리곤 한다.

한편, 오늘날 원주민 여성들은 가난한 생활을 하면서도 화려한 모자를 자랑삼아 쓰고 다니는데, 여기에는 남다른 뜻이 있다. 일반적

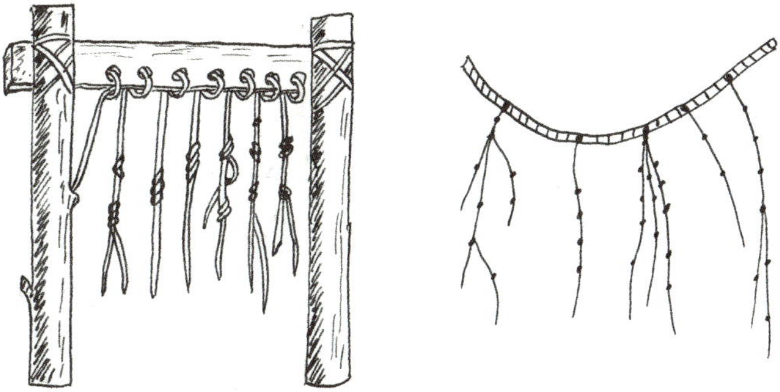

잉카의 매듭문자 표수법(表數法)
굵은 노끈에 여러 매듭이 엮어진 작은 노끈을 매달았는데 보기처럼 두 가지 방식이 쓰였다.

으로 모자를 쓰게 되면 머리에 물건을 이고 다닐 수 없다. 즉 "나는 머리에 물건을 이지 않는 귀한 신분 사람이다"라는 걸 자랑으로 삼은 데서 비롯된 습속이다.

암호의 구성원리

잉카 결승문자 활용법

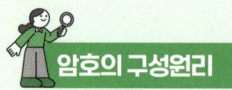

잉카 결승문자는 기본적으로 굵은 매듭 사이에 작은 매듭을 묶어 정보를 나타낸다. 이때 매듭 방향(앞쪽·뒤쪽)이나 회전 수, 혹은 끈의 종류(무명실·양털)나 색깔로 매우 다양한 정보를 담을 수 있다. 최근 연구 결과에 따르면 각 매듭은 1,536개 정보 단위를 나타낼 수 있다고 한다.

그뿐만 아니라 결승문자는 암호로도 활용할 수 있으니 그 방법은 대략 아래와 같다.

【활용 1】 **굵은 매듭 사이에 작은 매듭으로 숫자를 나타낸다. 이때 굵은 매듭은 아무 뜻이 없다. 예컨대, 굵은 매듭 3개를 묶고 첫째 매듭 사이에 작은 매듭 5개를 묶고, 둘째 매듭 사이에 작은 매듭 2개를 묶었다면 키워드는 5와 2가 된다.**

【활용 3】 **굵은 매듭 사이에 작은 매듭, 그리고 굵은 매듭의 회전수로 숫자를 나타낸다. 이를테면, 첫째 굵은 매듭은 3회전으로 묶고 작은 매듭 4개를 묶은 다음, 둘째 굵은 매듭을 2회전으로 묶고 작은 매듭 1개를 묶은 뒤 다시 굵은 매듭을 5회전으로 묶었다면, 키워드는 3·4·2·1·5가 된다.**

【활용 3】 **색깔 다른 노끈에 매듭을 원하는 만큼 묶는다. 예를 들어, 노랑 끈에 매듭 3개, 빨강 끈에 매듭 7개, 검정 끈에 매듭 6개를 묶었다면 암호 키워드는 노랑 3, 빨강 7, 검정 6이 된다.**

이밖에도 다양한 방법으로 암호를 만들어낼 수 있다.

PART

5

우리나라 암호문화

문제 1

一ㅣ五二ㅐ七ㅣ二一二 三ㅐ五ㅓ四ㅣ

따사로운 봄날, 조선 시대 궁궐의 어느 담벼락에 쓰인 위와 같은 암호를 보고 궁녀들은 킥킥대고 웃었다. 무슨 내용이기에 그랬을까?

문제 2

14ㅕ2 8ㅐ 8ㅑ, 7ㅏ 4ㅏ8 14ㅐ!

2006년의 어느 날, 한 남자가 연인에게 꽃다발과 함께 위와 같은 내용이 적힌 쪽지를 건넸다. 여자는 처음엔 몰랐으나 나중에 그 뜻을 알고 매우 기분 좋아했다. 무슨 내용일까?

거문고 갑을 쏴라

우리나라의 경우 암호문화는 언제부터 시작되었을까? 암호에 대한 정확한 역사기록은 없으나, 그 단서는 《삼국유사》에서 찾을 수 있다.

신라 제21대 임금 소지 마립간 즉위 10년(서기 488년) 어느 날 일이다. 왕이 천천정(天泉亭)에 거둥했을 때 까마귀와 쥐가 함께 나타나 울어대더니, 쥐가 사람 말로 지껄였다.

"까마귀가 날아가는 곳을 찾아가 보세요."

왕은 기병을 시켜 까마귀가 날아가는 곳으로 따라가 보게 했다. 기병이 남쪽으로 경주 남산 동쪽 기슭인 피촌(避村)에 이르자 멧돼지 두 마리가 한창 싸우고 있었다. 기병은 그 돼지 싸움에 정신이 팔려 한참을 구경하다가 그만 까마귀를 놓치고 말았다.

당황한 기병이 그 근처 길옆을 배회하고 있노라니, 한 노인이 못 속에서 나타나 편지 한 통을 주었는데, 겉봉에 이렇게 씌어 있었다.

"이 편지를 열어 보면 두 사람이 죽을 것이요, 열어 보지 않으면 한 사람이 죽을 것이다."

기병은 그 편지를 왕에게 바쳤다. 왕은 겉봉에 쓰인 글을 읽은 뒤 말했다.

"두 사람이 죽는 것보다는 열어 보지 않음으로써 한 사람만 죽게 하는 편이 낫겠구나."

그러자 곁에 지키고 섰던 일관이 조심스레 왕에게 아뢰었다.

"두 사람이란 보통 사람을 가리키고, 한 사람이란 바로 왕을 가리킵니다."

소지 마립간은 일관의 말을 듣고 생각이 바뀌어 편지를 열어 보았다. 거기에는 단 한 줄의 사연이 적혀 있었다.

"거문고 갑을 쏘아라(射琴匣)."

왕은 곧 궁궐로 들어가 거문고 갑(보관 상자)을 향해 활을 쏘았다. 내전에서 온갖 불사를 맡은 승려와 궁주(宮主)가 그 안에서 몰래 간통하고 있었다. 방심하고 있던 두 사람은 뜻밖의 죽임을 당했다.

그때부터 우리나라 풍속에 매년 정월(음력 1월) 첫 해일(亥日, 돼지날), 첫 자일(子日, 쥐날), 첫 오일(午日, 말날)에는 함부로 행동하지 않고, 정월 보름날을 '오기일(烏忌日: 까마귀를 꺼리는 날)'이라 하여 찰밥으로 까마귀에게 제사 지내는 등의 풍속을 행했다. 이런 풍속들을 속언으로 '달도(怛忉)'라 하며, 편지가 나온 그 연못은 '서출지(書出池)'라 명명했다.

《삼국유사》에 등장하는 '편지'는 일종의 암호통신문이라 할 수 있다. 은유적으로 음모를 암시하고 있기 때문이다. 특히 '두 사람=보통 사람', '한 사람=임금'의 경우 암호의 한 방법인 '환자(換字)'라 볼 수도 있다. '환자'란 특정 단어를 다른 단어로 바꾸는 표기법을 말한다.

이러한 은유적인 암호는 백제 시대부터 구전된 민간전승 가요 《정읍사(井邑詞)》에서도 확인할 수 있다.

정읍사의 '어긔야 즌ᄃᆡ를 드ᄃᆡ욜셰라'

《정읍사》는 고려 시대에도 인기를 끌며 널리 애창됐는데, 전문은 다음과 같다.

ᄃᆞᆯ하 노피곰 도ᄃᆞ샤
어긔야 머리곰 비취오시라
어귀야 어강됴리
아으 다롱디리

全져재 녀러신고요
어긔야 즌ᄃᆡ를드ᄃᆡ욜셰라
어긔야 어강됴리

어느이다 노코시라
어긔야 내 가논ᄃᆡ 졈그ᄅᆞᆯ셰라
어긔야 어강됴리
아이 다롱디리

제1연은 행상을 나가 오래도록 돌아오지 않는 남편의 무사 안녕을,

제2연은 남편 소식을 몰라 애태우는 마음을, 제3연은 돈도 재물도 필요 없으니 한시바삐 돌아오라는 간절한 마음을 표현한 내용으로써, 여인의 순정을 잘 나타낸 것으로 알려져 있다.

그러나 많은 학자는 단순히 지순한 사랑만 노래한 것으로 보지 않았다. 시어(詩語) 속에 담긴 또 다른 뜻을 찾아냈으니 '즌ᄃᆡ'가 그 대표적 단어이다. 즌ᄃᆡ는 '진 데'·'진 곳' 즉 '수렁물이 고인 곳'을 뜻하고, 이 말은 본질적으로 '주색(酒色)에 빠짐'을 의미한다. 다시 말해 '즌ᄃᆡ를 드ᄃᆡ욜셰라'라는 말은 '즌 곳을 디디지 말라'→'주색에 젖지 말라'는 해석이다.

그런가 하면 일부 학자는 '즌ᄃᆡ'를 인체의 성기(性器)를 상징하는 은어로 보고 '드ᄃᆞ다'는 동물의 교미(交尾)를 뜻하는 '드딘다'라는 사투리와 상관시켜 해석하기도 한다. 쉽게 말해 다른 여자와 성교하지 말라는 내용이라는 것이다. 《만엽집》 해석으로 유명한 이영희 씨도 "《정읍사》가 겉보기에는 깨끗하나, 속으로는 음탕한 말이다"라고 말한 바 있다. 더군다나 고려 시대에 남녀 연애가 비교적 자유로웠다는 점을 상기하면 《정읍사》가 왜 유달리 고려인들에게 사랑을 받았는지 이해할 만도 하다.

결국 정읍사는 이중구조적 언어의 묘미를 보여주고 있는 바, 암호의 한 유형인 간접화법으로 볼 수 있다. 그렇지만 현재 개념에 해당하는 본격적인 암호 이야기는 조선 시대에 나타난다.

조선 시대 암호

청나라 강희(康熙) 연대(1661~1722년)의 일이다. 안의주(安儀周)라는 조선사람이 외교 사신을 수행하여 중국 북경에 갔다가 고서점 거리에서 《교금지하록(窖金地下錄)》을 손으로 베껴 쓴 수사본(手寫本)을 우연히 발견하였다. 그는 '교(窖:움집·구멍)'·'금(金)'·'지하'라는 세 단어에 끌려 30전 헐값을 준 다음 그 책을 들고 여관방으로 돌아왔다.

'구멍과 지하와 황금이라. 뭔가 흥미진진하네.'

여관으로 돌아온 안의주는 심심풀이로 《교금지하록》을 읽다가 깜짝 놀랐다. 어느 큰 저택의 기둥 혹은 벽 속에 돈을 묻었다는 암호가 적혀 있는 게 아닌가. 안의주는 고심 끝에 암호를 푼 다음, 그 저택을 찾아내고야 말았다.

그는 집주인을 만나자마자, 십만금을 융통해주면 3년 후에 이자를 넉넉히 붙여서 갚겠노라 제의했다. 주인은 뜬금없이 찾아와 다짜고짜 거액을 빌려달라는 낯선 손님을 미친 사람 대하듯 쳐다보며 자신에게는 그런 돈이 없다고 대답했다.

"아니, 있습니다. 제가 돈을 찾아드리면 융통해주시겠습니까?"

"그럴 리 없소. 하지만 정말 내 집에 돈이 있다면 그럽시다."

"저기, 기둥 밑을 파 보시지요."

그가 지적한 곳을 파보니 과연 그곳에서 십만금이 쏟아져 나왔다. 주인은 놀란 나머지 어떻게 알았느냐는 말도 묻지 못하고 그저

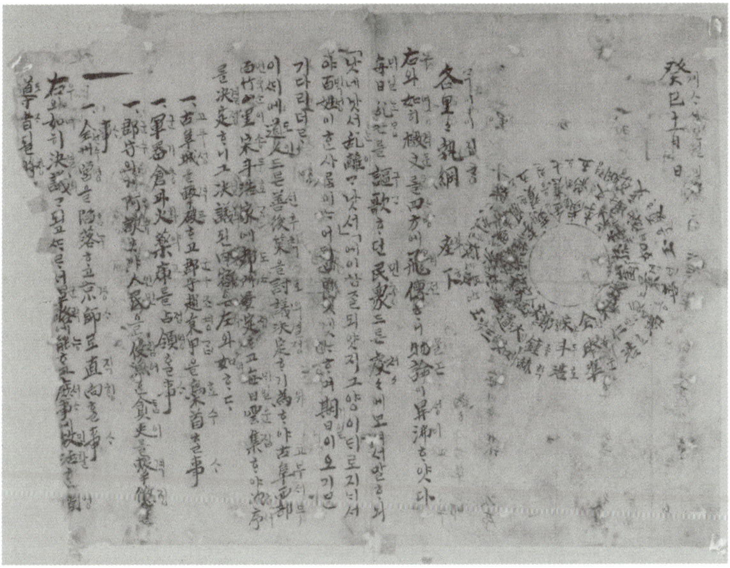

사발통문
동학혁명 당시 통문(通文, 여러 사람의 성명을 적어 차례로 돌려 보는 통지 문서)을 쓰면서 주모자 이름을 알 수 없도록 둥글게 서명했는데, 그 모양이 사기로 만든 그릇 사발과 같다 해서 '사발통문'이라 했다. 숨긴다는 목적으로 볼 때 출발점이 모호한 동그라미는 암호인 셈이다.

입만 벌렸다. 주인은 약속을 지켰다. 안의주는 그 돈을 가지고 천진(天津)에 가서 소금장사를 해 많은 돈을 벌었다. 3년 후 안의주는 약속대로 원금에 이자를 두둑하게 붙여 주인에게 빌린 돈을 갚은 다음, 《고금지하록》을 돌려주면서 웃으며 말했다.

"이건 원래 당신 책입니다."

위 이야기에는 암호가 어떻게 표기되었는지, 안의주가 어떻게 해독했는지에 대해서는 담겨 있지 않지만, 암호와 관련한 최초의 사건이라 할 수 있다. 또한 강희 연대는 조선의 숙종(肅宗) 재위 기간(1674~1720년)과 일치하는데, 이 시기는 붕당정치가 절정에 이르면서 잦은 정권 교체가 이뤄지던 시절이었다. 이로 미루어 권모술수가 난무하던 시절 비밀 보장을 위해 암호작성과 해독에 어느 정도 관심이 있었으리라는 걸 짐작할 수 있다.

그렇지만 《조선왕조실록》에서는 숙종(肅宗) 시대(1674~1720년)에 이르러서야 '암호'라는 단어가 처음 등장한다.

《조선왕조실록》에 기록된 암호

숙종 38년(1712년)의 일이다. 그해 12월 2일 실록에 다음과 같은 기록이 적혀 있다.

> 시제(試題)에 관한 일에 이르러서는, 과거날 글제를 낼 때 명관(命官)은 《송조명신록(宋朝名臣錄)》을 들여오게 하고, 최석항(崔錫恒)은 《좌전(左傳)》을 들여오게 하고, 이돈은 《한서(漢書)》를 들여오게 하여 각자가 뒤적여 보았다. 그런데 이돈이 다른 책은 보지도 않고 즉각 '공수전(龔遂傳)'을 집어내어 이언강(李彦綱)에게 가리켜 보였으나, 이언강은 그대로 최석항과 서로 의논하여 글제를 냈으니, 이는 곧 여러 시관(試官)들이 명백하게 눈으로 본 일이었다.

그럼에도 이돈은 공술할 적에 '우연히 《한서(漢書)》가 앞에 있었다.' 라고 했으니, 이는 기망(欺罔)하는 것이 아니겠는가. 비록 '포현공수(褒顯龔遂)'라는 네 글자는 곧 다른 시관(試官)이 첨가한 것이라고 하지만, 원래의 글제가 이돈에게서 나왔음은 분명한 일이다.

세상에 전파된 말로는, 이돈의 무리들이 '앵(鶯)' 자를 암호(暗號)로 했다고 했는데, 오수원(吳遂元)이 지은 글에는 '천앵출유(遷鶯出幽)'라는 구절이 있었고, 같은 방(榜) 안의 이헌영(李獻英)이 지은 글에도 또한 '곡앵(谷鶯)'이라는 자구가 있었다. 대개 이헌영이 이돈과 함께 같은 동리에 살면서 친숙함이 오수원과 다름이 없었으니, 이돈이 이미 사정을 쓸 마음이 있었다면 또한 어찌 이헌영을 버렸겠는가. 또 이헌영이 지은 글은 원만하고 정숙(精熟)하여 결코 비를 무릅쓰고 시장에 들어가 창졸간에 지은 글이 아니었는데, 다만 목격한 사람이 없어 능히 적발하지 못했을 뿐이었다.

이돈은 흰 머리의 늙은 신하로 관각(館閣) 벼슬자리에 있으면서 과장(科場)에서 간계를 쓰되 조금도 고려하거나 꺼림이 없었으며, 일이 발각된 뒤에도 오히려 태연자약하게 스스로 가리려고 하였지만, 하늘이야 속일 수 있었으랴. 그러나 이돈의 당(黨)은 지금도 이돈을 위하여 변명을 그만두지 않고 있으니, 또한 당론이 인심(人心)을 함닉(陷溺)함을 볼 수 있다.

위 내용은 '鶯(꾀꼬리 앵)' 자를 암호로 사용한 과거 부정 사례를 적발했음을 알려주고 있다. 응시자가 앵(鶯) 자 들어간 단어를 쓰고, 시험관 이돈이 그걸 합격시켜줬다가 들통난 것이다. 이때의 암호 '앵'은 쌍방 간에 사전 합의된 기호인 셈이다.

그렇지만 조선 시대에 가장 널리 사용된 암호는 군호(軍號)였다. '군호'란 무엇인가? 순라군(巡邏軍) 사이에 서로 주고받아, 오해나 위험을 미리 막는 암호가 곧 군호이다. 이때의 암호는 비밀을 전하는 통신이 아니라 군중에서 야밤에 적군·아군 구별을 위하여 미리 약속된 말로 신원을 확인하는 신호를 뜻한다. '군호'는 속칭 '말마기(言的)'라고도 한다.

조선 시대 군사들은 초저녁에 병조로부터 군호를 전달받아 서로를 확인하는 암호로 사용했다. 군호는 왕의 손에 의해 최종적으로 결정되었다. 즉, 매일 저녁 병조참의나 참지 중 한 사람이 3자(字) 이내의 암호를 밀봉하여 왕에게 올리면 왕은 이를 은밀히 각 경수처(警守處)와 문에 내리며, 이로써 그날 밤 군호로 삼았다. 영조는 암호 명령을 자주 바꿔 내려서 전사(戰士)들끼리 서로 습격하여 사람과 말이 많이 상했다고 하며, 정조(正祖)도 수시로 암호 변경을 하여 군사들의 근무상태를 점검하곤 했다.

임금이 군호를 얼마나 중시했는지는 숙종 10년(1684년) 10월 24일 일지에서 확인할 수 있다. 이날 병조에서 군호를 올렸을 때, 임금이 당상(堂上)이 친히 쓴 것인지 아닌지 물으니, 승정원에서 늙고 병들어서 대서(代書)했노라 대답했다. 이에 임금이 다음과 같이 하교했다.

"군중의 모든 일은 힘써 엄밀하게 하는 데 있으므로, 군호 두 글자는 기성 당상(騎省堂上)이 반드시 친히 쓰고, 후사(帿司)에서도 떼어 보지 아니하니, 대개 간사함을 막기 위한 것이다. 그런데 병조참의 유거(柳柜)는 남의 손을 빌어 대신 쓰게 했으니, 일이 몹시 놀랄 만하다. 곧 파직하도록 하라. 막중한 군무에 누설된 글자를 그대로 쓸 수 없으니, 다른 당상관으로 하여금 빨리 고쳐 써서 들이도록 하라."

말 못 하는 귀신의 암호 전달

그렇다면 풀이로서의 암호는 언제 등장했을까? 그 해답은 야담(野談)에서 찾을 수 있다. 1830년대를 전후하여 편찬된 것으로 추정되는 《청구야담(靑邱野談)》에 그 사례가 있는데, 내용은 이렇다.

옛날에 밀양(密陽) 수령이 중년에 아내를 잃은 뒤, 어린 딸을 남달리 사랑했다. 그런데 어느 날 갑자기 딸아이와 유모가 온데간데없이 사라졌다. 마을을 두루 살펴보았으나 찾지 못했고, 수령은 실성하여 곧 죽었다. 그 후 밀양 수령을 새로 제수받은 자들은 근무지에 도착한 그날 모두 죽었다. 그러자 밀양 수령 자리를 피하는 현상이 벌어졌고, 부득이 지원자를 모집하기에 이르렀다.

그때 시골에 칩거하고 있던 나이 60세에 이른 한 무관이 아내와 상의한 뒤 자원했다. 어차피 죽을 목숨 벼슬이라도 한번 해보고 싶은 심정에서였다. 임금은 가상히 여겨 당일로 벼슬을 내렸다. 죽음을 각오한 무관은 단신으로 부임하려 했으나, 아내가 동행을 요청하였다.

그날 밤 아내는 남편을 내아(內衙)에 있게 하고, 자신은 남자 옷으로 갈아입은 뒤 관사에 남편 대신 앉아 동정을 살폈다. 삼경(三更: 밤 11시~새벽 1시)에 이르자 갑자기 어디에선가 바람이 불어와서 촛불이 꺼졌다. 조금 후 방문이 저절로 열리더니 어떤 처녀가 온몸에 피를 흘리고 머리를 풀어헤친 채 발가벗은 몸으로 손에 붉은 깃발을 들고 섬광같이 방안으로 들어왔다. 부인이 당황하지도, 놀라지도 않으며 먼저 말했다.

"너는 필시 풀지 못한 원한이 있어 호소하러 왔구나. 내가 반드시 네 원수를 갚아줄 테니 모름지기 조용히 기다리고, 다시는 나타나지 말라!"

그러자 처녀는 공손히 인사하고 사라졌다.

다음 날 아침, 군교·아전·관노들이 시체 처리용 멍석을 들고 나타났다가 신임 수령이 멀쩡한 걸 보고는 크게 놀랐다. 수령은 어제 숙직하지 않았던 자들의 죄를 다스린 다음, 아내에게 간밤에 있었던 일을 물었다. 부인은 그 일을 낱낱이 말한 뒤 이렇게 부탁했다.

"아무도 모르게 염탐하여 만약 이름이 '주기'인 자가 있거든 여러 말 마시고 엄한 형벌로 심문하여 진술을 받으십시오."

조사를 해보니 본청 집사 중에 '주기(周基)'라는 성명을 가진 자가 있었다. 곧장 그를 결박하여 큰 칼을 채워 형틀 위에 올려놓고는 쩌렁쩌렁한 목소리로 심문했다.

"아무개 수령의 아기씨 거처를 너는 필시 알 것이니 숨김없이 불라!"

사람들은 간밤의 죽음을 면한 수령에게 신령한 능력이 있다고 믿고 있었다. 그렇게 생각하기는 주기 역시 마찬가지여서 겁에 질려 흙빛이 된 얼굴로 곡절을 말하기에 이르렀다. 주기는 그 처녀에게 흑심을 품은 나머지 처녀가 따르는 유모를 먼저 유혹한 후 유모와 함께 죽루(竹樓)로 나오게 하여 처녀를 겁탈하려 했으나, 반항하자 두 사람을 모두 살해하여 암매장했다고 자백했다. 이에 수령은 주기를 그날 때려죽였으며, 처녀 시체를 파내어 의복과 관을 갖추어 다시 장사 지낸 뒤 죽루를 부수고 대나무 숲을 베어 없애버렸다 한다.

이 이야기에서는 말하지 못하는 귀신이 상징적 물건을 통해 사건의 단서를 제공했는데, 한글 이름 '주기'를 한자 '주기(周基)'로, 다시 한자 '주기'를 '붉은 깃발'이라는 뜻의 '주기(朱旗)'로 이단 변환하는 암호기법을 보여주고 있다. 다시 말해 '발음 1=발음 2', '발음 2=의미', '의미=발음 1'의 점진적 변화로 실체를 전달한 것이다.

풀어쓰기를 통한 암호

조선 시대에 유행한 또 하나의 암호 방법은 '풀어쓰기'였는데, 이와 관련한 민담이 있다.

옛날 어느 고을에 서로 짝사랑하는 처녀·총각이 있었다. 하지만 내성적인 두 사람은 서로 마음을 드러내지는 못했다. 그러던 어느 날 처녀가 용기 내어 총각에게 쪽지 한 장을 내밀었다. 거기에는 '籍(적)'이라는 글씨 한 자만 덩그러니 적혀 있었다.

총각은 책·문서·장부라는 뜻의 '籍(서적 적)' 자는 읽을 줄 알았으나 도대체 그 말이 처녀의 어떤 마음을 전하는지는 알지 못했다. 책을 많이 읽으라는 것인지, 책 선물을 원하는 것인지, 편지로 마음을 주고받자는 것인지 전혀 종잡을 수 없었다.

'아, 너무 답답하다. 처녀는 내게 뭘 말한 걸까?'

총각은 고심 끝에 그 마을의 훈장을 찾아가 자초지종을 말하고 도움을 청했다. 훈장은 알았다면서 조만간 그 뜻을 알려주겠노라고 말했다. 그러나 며칠 뒤 뜻밖에도 처녀가 대나무 숲에서 피살된 채로 발견되었다. 총각은 너무 당황하고 슬퍼서 어쩔 줄 몰라 했으나 이윽고 무언가 짚이는 게 있어 훈장을 찾아가 물었다.

"훈장님은 분명히 뭔가를 알고 계시지요?"

"무슨 소리! 난 아무 것도 모른다."

훈장은 자신은 전혀 상관없는 일이라며 펄쩍 뛰면서 그 쪽지를 돌려주었다. 하지만 총각은 훈장에 대한 의심을 거두지 않고, 그 길로 원님을 찾아가 수사를 요청하였다.

원님은 잠시 쪽지를 들여다보더니 곁에 있는 아전에게 처녀가 피살된 날이 며칠이냐고 물었다.

"스무여드렛 날입니다."

그 말을 들은 원님은 포졸들에게 즉각 훈장을 잡아들이라고 명령했다. 훈장은 처음에는 범행을 완강히 부인했으나 원님이 한자를 해석하여 추궁하자 결국 죄를 고백하였다. 그 뜻은 이러했다.

"스무여드렛 날 저녁 대나무 숲에서 만나요."

籍을 풀어쓰면 竹(대나무 죽)+二(둘 이)+十(열 십)+八(여덟 팔)+昔(저녁 석)이 되는 바, 그날 밤 총각 대신 훈장이 몰래 약속장소로 가서 처녀를 겁탈하려다가 반항하자 살해한 것이다.

이 이야기는 배운 양반의 횡포를 비판한 것인데, 이러한 한자 파자(破字: 자획을 풀어 나눔) 혹은 한자 모양을 이용한 수수께끼 풀이는 조선 시대 내내 성행한 놀이이기도 하다. 이런 이야기도 있다.

초야를 막 치른 신랑에게 친구들이 "어젯밤 어땠어?" 하고 짓궂게 물었다. 신랑은 다소 쑥스러워하며 말없이 '北(북)'이라는 글씨를 썼다. 다음날 같은 질문에는 '比(비)'라는 글자를 썼으며, 그 다음 날 같은 질문에는 히죽히죽 웃으면서 '臼(구)'라는 글자를 썼다. 무슨 뜻일까?

처음에 쓴 '北(북녘 북)'은 '북쪽'을 뜻하는 게 아니라 두 사람이 서로 등을 돌려대고 있는 형태를 나타낸다. '比(견줄 비)'는 '비교하다'라는 뜻이 아니라 남자 혹은 여자 중 어느 한쪽에서 상대방에게 구애하는 모양이다. '臼(절구 구)'는 '절구'라는 뜻이 아니라 서로 껴안은 모습을 표현한 것이다. 이를테면, 두 사람의 심리적 육체적 상황 변화를 글자 모양으로 재치 있게 나타낸 것이라 하겠다.

궁녀들의 암호

'암호 풀이'라는 지적(知的) 놀이는 양반 남자만 즐긴 게 아니었다. 조선 중기 이후 여자들도 즐겼다. 그리고 이는 전적으로 한글의 편리함에 힘입은 변화였다.

세종대왕이 한글을 창제한 뒤 궁궐 내에는 재미있는 현상이 일어났으니 바로 궁녀들의 '낙서 수다'였다. 조선 시대 궁녀들은 궁중에서 일어난 일을 일절 말하지 못하는 엄격한 궁중 법도 속에서 하루하루를 보냈다. 그러나 이런 답답함을 이겨내기란 무척 힘들었다. 비밀을 지키라고 하면 오히려 더 말하고 싶어 하는 게 인간의 심리인 바, 궁녀들은 보고 들은 비밀을 어떻게든 떠들고 싶어 했다.

궁녀들은 급기야 그들 나름의 암호를 통해서 수다를 떨었다. 목숨의 위협을 초래할만한 위험한 일이 아니라 그저 누구를 흉보는 차원의 일이긴 했으나 그래도 그나마 억눌린 마음을 푸는 데 큰 도움이 되었다. 궁녀들의 수다 대상은 단연 내시(內侍)였고, 흉보는 방법은 낙서 암호를 통해서였다.

암호는 이러했다. 모음은 그냥 쓰고, 자음은 보기처럼 'ㄱ'은 '一', 'ㄴ'은 '二'식으로 표시하여 그들 나름의 속사정을 적거나 이야기했다.

한글 암호표 1

ㄱ	一	ㅁ	五	ㅈ	九	ㅍ	十三
ㄴ	二	ㅂ	六	ㅊ	十	ㅎ	十四
ㄷ	三	ㅅ	七	ㅋ	十一		
ㄹ	四	ㅇ	八	ㅌ	十二		

예를 들어, '이내시 추상궁과 밀회'이라는 말은 '八ㅣ二ㅐ七ㅣ 十ㅜ七ㅏ八一ㅜ八一ㅘ 五ㅣ四十四ㅚ'라고 적었다. 풀이할 경우에는 반대로 하면 되었다. 먼저 숫자로 자음을 파악한 다음 그 뒤에 따르는 모음을 찾고, 받침 때문에 숫자가 겹칠 때는 십오(十五) 이상 숫자는 없으므로 받침과 자음을 구별하면 되는 것이다.

그러므로 첫머리에 나오는 '문제 1'(一ㅣ五二ㅐ七ㅣ二ㅡ二 三ㅐ五ㅓ四ㅣ)의 뜻은 '김내시는 대머리'임을 알 수 있다.

같은 맥락에서 풀이하면 '문제 2'(14ㅕ2 8ㅐ 8ㅑ, 7ㅏ 4ㅏ8 14ㅐ!)의 정답은 '현애야, 사랑해!'이며, 그 암호표는 다음과 같다.

그렇지만 이런 표기 방식은 암호의 다양한 표기법 중 매우 초보

한글 암호표 2

ㄱ	1	ㅁ	5	ㅈ	9	ㅍ	13
ㄴ	2	ㅂ	6	ㅊ	10	ㅎ	14
ㄷ	3	ㅅ	7	ㅋ	11		
ㄹ	4	ㅇ	8	ㅌ	12		

적이므로 본격적인 암호기법이라 보기에는 어렵다.

근대화가 시작된 구한말에 수많은 서구문물이 유입됐지만, 암호는 그 속에 포함되지 않았다. 중요한 기밀 사항은 여전히 밀사를 통해 서신으로 전달하거나 직접 방문하여 밀담을 나누는 게 전부였다. 한국 근대사의 문을 연 갑신정변만 하더라도 암호는 작전 개시 신호 역할만 했을 뿐이다. 개화파와 일본 공사는 혁명을 공모하면서 '천(天)' 자와 일본어 '요로시(좋아)'를 암호로 정했는데, 10월 17일 연회가 한창일 때 김옥균이 시마무라 서기관에게 "그대는 천(天)을 아는가"라고 묻고, 시마무라가 기다렸다는 듯이 "요로시"라고 대답함으로써 거사를 즉시 실행에 옮겼다.

오늘날에는 서양 못지않게 모든 분야에서 암호를 중요하게 여기고 정보를 관리하고 있으나, 간혹 사람에 의해 정보가 누설되는 것은 암호만이 능사가 아님을 일깨워주는 일이라 하겠다. 어찌 됐든 미래의 우리 사회는 암호 천국이 될 것이다. 세계가 이미 한마당이 된 지금 '정보 바다'에서 국가 구분은 별 의미가 없기 때문이다.

암호의 구성원리

한글 자음 숫자 대치법

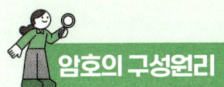

한글 자음을 숫자로 바꾸는 가장 초보적인 암호법이다. 자음을 나열한 다음 숫자로 바꾸고 모음은 그대로 사용한다. 단어 단위로 띄어 쓰며, 자음 순서에 따라 번호를 부여할 수도 있고, 번호를 역순으로 해서 자음을 대치할 수도 있다. 뒤의 경우는 암호 해독이 조금 더 어렵다.ㄱ=01 ㄴ=02 ㄷ=03 ㄹ=04 ㅁ=05 ㅂ=06 ㅅ=07 ㅇ=08 ㅈ=09 ㅊ=10 ㅋ=11 ㅌ=12 ㅍ=13 ㅎ=14

【예문】

그는 이중간첩이다. → 01—02—02 08ㅣ09ㅜ0801ㅏ0210ㅓ06 08ㅣ03ㅏ.

알파벳 숫자 대치법

영어 알파벳을 순서대로 써놓고 거기에 숫자를 차례로 대입하는 기법이다. 두 단위 숫자를 기준으로 하고 단어 단위로 띄어쓰기를 쓴다. 알파벳을 번호 순서로 바꾸면 다음과 같다.A=01 B=02 C=03 D=04 E=05 F=06 G=07 H=08 I=09 J=10 K=11 L=12 M=13 N=14 O=15 P=16 Q=17 R=18 S=19 T=20 U=21 V=22 W=23 X=24 Y=25 Z=26

【예문】

He live. → 0805 12092205.

PART

6

암호의 여러 기법과 흐름

애너그램
(anagram)

문제

Dubroni(듀브로니)

1864년 프랑스 젊은이 브르뎅(Bourdin)은 방수되는 자기(磁器)로 카메라 내부를 처리한 목제 카메라를 선보였다. 촬영 직후 카메라 속으로 현상액을 주입해 현상 처리하면 즉석에서 습판 사진이 만들어지는, 지금으로 말하자면 즉석카메라와 같은 것이었다.

그런데 22살 청년 브르뎅은 상품 출시 이전에 남모르는 고민을 했다. 사회적으로 유명인사인 그의 아버지가 행여 카메라로 인해 명성에 흠이 갈까 싶어, 아들의 발명품을 탐탁지 않게 여겼기 때문이다. 이에 브르뎅은 며칠을 고민하다가 '듀브로니(Dubroni)'라는 브랜드로 상품을 내놓았다. 다행히 브르뎅이 만든 카메라는 큰 인기를 끌었고, 브르뎅은 사람들에게 자기가 만든 카메라임을 자랑스럽게 말했다. 위 단어가 무슨 뜻이기에 그럴까?

① 자기 이름과 같은 뜻의 영어를 프랑스어로 바꿔 만든 브랜드였다.

② 자기 이름을 영어로 바꾼 다음 프랑스식으로 발음한 브랜드였다.

③ 브르뎅 이름 철자를 뒤바꿔 만든 브랜드였다.

④ 프랑스어 브르뎅은 이탈리아어로 듀브로니였다.

갈릴레이는 왜 애너그램을 애용했을까

듀브로니(Dubroni)는 발명자 브르뎅(Bourdin)의 이름 철자를 위치만 바꾸어 만든 애너그램(anagram)이다.(문제 정답 ③) '애너그램'이란 주어진 단어에서 철자를 뽑아 새로운 단어를 만드는 글자 퍼즐을 가리키는데, 단어 자체는 변화를 주지 않은 채 문장 속의 어순을 바꿀 수도 있고, 음의 순서를 바꿔서 어떤 말을 다른 말로 바꿔 읽을 수도 있다. 평범해 보이는 단어나 문장을 풀이하면 새로운 뜻이 나타나므로 암호로도 종종 활용된다.

천문학계에 큰 업적을 남긴 이탈리아 과학자 갈릴레이는 애너그램을 종종 사용한 것으로 유명하다. 어떤 경우에 그랬고, 무슨 이유에서였을까?

1610년 갈릴레이는 자신이 만든 8배 비율 망원경으로 하늘을 관찰하다가 토성에 귀(또는 손잡이) 모양이 있음을 발견했다.

'토성에 귀가 달려있거나 세 개의 별이 가까이 뭉쳐있는 게 틀림없어.'

갈릴레이는 흥분을 가라앉히고 토성 발견 사실을 라틴어로 다음과 같이 기록했다.

SMAISMRMILMEPOETALEVMIBVNENVGTTAVIRAS

무슨 뜻일까? 이 문자들은 단어의 철자 순서를 뒤바꾸고 전체를 붙여 쓴 것으로, 풀이하면 다음과 같은 라틴어 문장이 된다.

altissimvm planetam tergeminvm observavi(나는 가장 높은 곳에 있는 별 세 개를 관측했다).

여기서 '가장 높은 곳의 별'은 '토성'을 가리킨다. 그 무렵 토성은 태양에서 가장 먼 곳에 있는 별이었기 때문이다. 그런데 갈릴레이는 놀라운 과학적 발견을 왜 애너그램으로 기록했을까?

갈릴레이가 애너그램으로 쓴 글은 이것만이 아니었다. 1613년 갈릴레이는 천체 관찰을 두고 경쟁하던 케플러에게 보낸 편지에 'Haec immatura a me jam frustra leguntur(이것은 헛되이도 나에 의해 너무 일찍 밝혀졌소)'라는 글을 적었다.

이 또한 애너그램으로서, 풀이하면 Cynthiae figuras aemulatur mater amorun(사랑의 어머니가 신티아 모습을 닮았소)가 된다. 여기서 신티아는 '달', 사랑의 어머니는 '비너스', 모습이 닮았다는 건 '현상이 비슷하다'라는 뜻으로 '금성이 달처럼 차고 기운다는 걸 발견했다'라는 메시지를 은유적으로 나타낸 것이다.

당시는 교황청에서 지동설을 탄압하던 시기였기에 종교적 검열을 피하면서 자신이 최초로 발견했음을 알리려는 궁여지책이었다. 그 무렵 다른 과학자들도 애너그램을 사용했음은 물론이다.

영화와 소설 속에서의 애너그램

1999년 미래세계를 배경으로 인공지능 컴퓨터와 이에 대항하는 인간들 사이의 대결을 그린 영화 《매트릭스(Matrix)》가 개봉되어 세계적 화제를 불러일으켰다.

워쇼스키 형제 감독은 영화에 동서양의 다양한 사상을 융화시켜 독특한 철학을 보여주었는데 주인공 네오(Neo)는 One의 애너그램으로 또 다른 관심을 끌었다. neo는 기본적으로 '새로운'·'최근의'라는 뜻의 접두어인 동시에 애너그램에 담긴 One은 인류를 구원할 '오직 한 사람'이라는 뜻이기 때문이다.

애너그램은 소설 《다빈치 코드》에서 더욱 적극적으로 사용됐으니, 해결 단서를 일러주는 키워드 역할을 하고 있다. 예컨대, 'So dark the con of man(인간의 탐욕은 너무 어둡다)'라는 문장은 'Madonna of the Rocks(암굴의 마돈나)'를 의미하고, 큐레이터가 죽으면서 남긴 다음과 같은 애너그램으로 《모나리자》에 성배를 찾을 수 있는 단서가 있음을 알려주고 있다.

13-3-2-21-1-1-8-5

O, Draconian devil

Oh, lame saint!

위에서 먼저 숫자들을 피보나치 수열로 바꾸고, 알파벳을 그 수열에 맞추면 이런 단어가 나온다.

1-1-2-3-5-8-13-21

Leonardo da Vinci

The Mona Lisa

피보나치 수열은 식물의 꽃잎 수를 결정짓는 규칙인데, 작가 댄 브라운은 그걸 활용해 숫자에서는 피보나치 수열을 쓰고, 알파벳에서는 애너그램을 이중적으로 사용하여 암호를 만든 것이다. 다시 정리하면 다음과 같다.

13-3-2-21-1-1-8-5 → 1-1-2-3-5-8-13-21

O, Draconian devil(오, 드라콘 악마여) → Leonardo da Vinci(레오나드로 다 빈치)

Oh, lame saint(오, 절름발이 성인이여) → The Mona Lisa(모나리자)

애너그램은 두뇌훈련에 큰 도움이 되므로 서양에서는 크로스워드 퍼즐처럼 퀴즈로 만들어 즐기기도 한다. 암호가 생활 속에 스며든 셈이라 하겠다.

암호의 구성원리

애너그램

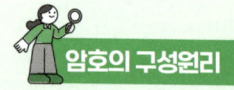

철자 순서를 바꾸는 문자 치환 기법이다. 같은 철자를 재구성하여 다른 의미를 갖는 단어로 바꾸므로 쉽게 눈치채기 어렵다.

이를테면, time(시간)과 live(살다)를 애너그램으로 만들면 mite(잔돈)와 evil(악)이 된다.

단어는 원형 그대로 두고 어순만 바꿀 수도 있고, 어순은 그대로 두고 단어만 위치를 바꿀 수도 있다. 그런가 하면 철자 전체를 섞고 띄어쓰기를 생략하여, 본인 아니면 웬만해서 해석하지 못하게 할 수도 있다.

문장(文章)암호와 크렘린놀리지

문제

나는 지금 막 예쁜 샴 인형을 받았다. 그런데 가운데 부분이 좀 파손돼 있기에 고쳤다. 나는 이 춤추는 인형이 참 마음에 든다. 하지만 춤추는 샴 인형에는 상대가 없었다. 그래서 보통 인형에다 옷을 입혀 제2의 샴 인형으로 삼고 있다…….

제2차 세계대전이 한창이던 때, 미국 오리곤주에 사는 한 부인이 난데없이 '주소불명' 도장이 찍힌 반송 편지를 받았다. 아무리 기억을 떠올려 봐도 그녀는 편지를 쓰거나 보낸 적이 없었다. 이상한 느낌을 받은 부인은 전시 상황인 점을 감안해 이 사실을 FBI(미국연방수사국)에 신고하고 문제의 편지를 내보였다. 편지 내용은 위와 같았으며, 나중에 암호 편지로 밝혀졌다. 그렇다면 무슨 내용이었을까?

① 선물 받은 태국 인형이 손상되었으나 완전히 고쳤다. 나는 같은 걸 만들고 있다.

② 항공모함 정보를 입수했는데, 손상됐다가 수리됐다. 또한 두 번째 항공모함을 만드는 중이다.

③ 태국 간첩을 만났으나 별 성과가 없었다. 그래서 다른 첩보원을 만나려고 한다.

④ 여성 첩보원이 부상당했으나 완쾌되었다. 하지만 이 첩보원을 성형수술 시키려고 한다.

나는 지금 막 예쁜 샴 인형을 받았습니다

위 편지를 신고 받은 FBI수사관은 즉각 TOD(기술 작전부) 암호 해독반에 이 사실을 연락했고, 검열관들은 편지를 자세히 검토하기 시작했다. 하지만 뭔 내용인지 파악하지 못했다. 그러던 차에, 한 검열관이 '샴 인형 편지'와 필체가 비슷해 보이는 편지를 발견했다. 발신지 주소까지 똑같은 편지에는 이런 내용이 적혀 있었다.

"풀로 만든 치마를 입은 인형은, 2월 첫 주까지 파손 부분을 수리할 수 있을 것이다. 파손된 영국 인형은 수리가 끝날 때까지 몇 달 동안 인형 병원에 입원시키게 될 것으로 여겨진다. 인형 병원은 주야로 일하고 있다."

검열관은 이 두 가지 편지가 상호 연관성이 있으리라고 확신했고 곧 진실이 드러났다. FBI와 TOD의 암호 해독 전문가들이 '인형'이 바로 각종 '군함'을 나타내는 문장암호임을 밝혀낸 것이다. 이를 해독하니 두 통의 편지는 각기 다음과 같은 내용이 되었다. (문제 정답 ②)

"나는 지금 아주 중요한 항공모함에 관한 정보를 입수했다. 그 항공모함은 어뢰를 맞고 가운데 부분이 손상되었지만 바로 수리되었다. 두 번째 항공모함은 아직 완성되지 않았으므로 다른 군함 한 척이 항공모함으로 고쳐지고 있다."

"경순양함 호놀룰루호는, 2월 첫 주중에 파손 부분이 모두 수리될 것이다. 파괴된 영국 군함은 수리가 완료될 때까지 몇 달 동안 조선소 신세를 질 것이다. 조선소에서는 밤낮 가리지 않고 작업하고 있다."

FBI는 이런 사실까지 알아내고도 또다시 고민에 빠졌다. 편지 발신인이 누군지 알 수 없어서다. 스파이를 적발하지 못한다면 앞으로도 계속 같은 종류의 편지가 미국 기밀을 담은 채 적국으로 새나갈 것 아닌가. FBI는 문제의 부인에게 여러 가지를 물었다. 어떤 사람이 이 부인의 주소를 이용했음이 틀림없다는 심증에서였다. 부인에게 혹시라도 짐작 가는 사람이 있는지 거듭 확인하자 그녀는 뉴욕에서 인형 가게를 운영하는 여인을 안다고 했다. 이름은 디킨슨 부인. 자기가 그녀 가게에서 인형을 몇 번 사면서 주소를 적은 적이 있다며, 그녀라면 혹시 자기 집 주소를 이용했을 수도 있다고 말했다.

FBI는 즉각 뉴욕의 디킨슨 부인 주변을 내사했다. 디킨슨 부인이 평소 친일적(親日的) 발언을 많이 했다는 사실을 알아냈고, 그녀가 일본에 거물급 지인을 갖고 있으며, 급기야 일본 당국으로부터 거액의 사례금을 받은 사실까지 파악했다. 이로써 상황이 명백해졌다. 디킨슨 부인은 나름대로 최대한 정보를 입수해서 일본에 팔아먹고 있었다. 바로 붙잡혀 재판에 회부된 디킨슨 부인은 제1심에서 사형선고를 받았다가 후에 10년 징역에 1만 달러 벌금으로 감형되었다.

눌(NULL) 암호

눌(Null) 암호는 문장암호 중에서 가장 까다로운 통신방법이다. '눌 암호'란 전체문장 중에서 몇 가지 특정 문자만 의미를 가질 뿐, 그 밖 문자들은 정보와 아무런 관계없는 것들로 구성한 형식이다.

가령, '하늘에는 태양과 달과 별이 있고 지구상에는 사람과 동물과 무생물이 있다'라는 암호문이 있을 때 전체에 비밀스러운 의미가 있는 게 아니라, 문장 중에서 '하늘'·'태양'·'지구'·'사람'에만 어떤 의미를 담은 것이다. 이때 '하늘'·'태양'·'지구'·'사람'이 무엇을 의미하는지는 발신자와 수신자가 약속하기에 달려있다. '하늘'을 뉴욕으로 '태양'을 '대통령'으로 할 수도 있고, '하늘'을 '워싱턴'으로 '태양'을 '비행장'으로 할 수도 있다.

이 형식은 문장 전체에 의미를 포함한 형식보다 훨씬 사용하기 까다롭다. 그런데다 자칫 이상한 문장이 될 경우가 많으므로, 검열관으로부터 의심을 사기도 쉽다. 그럼에도 불구하고 '눌 암호'는 종종 쓰였다. 왜냐하면 한두 가지 단어만 약속하고 정상적인 문장처럼 보이게끔 작성하면 들킬 확률이 매우 적다는 장점 때문이다.

스파이의 전유물처럼 보이는 '눌 암호'는 스파이만 사용한 게 아니었다. 제2차 대전 중 전선에 배치된 병사가 그의 애인이나 가족에게 보내는 편지에도 곧잘 이 방법을 썼다. 알다시피 군사우편은 검열을 받도록 되어 있다. 그리고 병사는 가족들에게조차 그가 소속된 부대 이름이나 근무지 위치를 알리지 말아야 한다. 하지만 병사 입장에서는 그런 소식을 알리고 싶은 심리도 있다. 그래서 병사들은 눌 암호 방법을 이용하여 자기 근무지를 알리곤 했다.

크렘린놀리지와 권력 이동

1953년 3월 소련에서 스탈린이 죽자, 사람들 관심은 소련공산당 정치국이 곧 발표할 정치국원 서열로 쏠렸다. 소련공산당 정치국은 수뇌급 권력자들의 집합체인바, 정치국이 발표하는 정치국원 서열은 스탈린 이후 소련 후계 권력 구도를 그대로 반영할 것이기 때문이다.

그런데 얼마쯤 지나서 발표된 정치국원 명단은 알파벳 순서로 나열되었다. 그건 매우 이례적인 일이었고, 일반인들은 서열을 전혀 짐작하지 못했다.

하지만 '크렘린놀리지'를 아는 일부 전문가들은 그 보도가 뜻하는 바를 나름대로 예측하여, "소련의 수뇌급 권력자들 사이에서 아직 서열 매김 작업이 끝나지 않았으며, 이는 후계 경쟁이 계속되고 있음을 뜻한다"라고 풀이했다. 그 풀이가 정확했음은 뒷날 입증됐다.

그해 10월의 어느 날, 소련공산당 기관지 〈프라우다〉는 그 전날에 소련공산당 정치국원들이 모스크바 국립 볼쇼이극장에서 《데카프리스트의 반란》이라는 발레를 관람했다고 보도하면서, 관람한 정치국원 명단을 실었다. 《데카브리스트의 반란》은 제정 러시아 때 일어난 일종의 '반제민주화투쟁(反帝民主化鬪爭)'이며, 레닌이 볼셰비키 10월 혁명의 사상적 원천으로 격상시킨 역사적 사건이다. 그러므로 이 역사적 사건을 소재로 삼은 발레를 10월혁명 기념일에 관람하는 일은 소련공산당 정치국원들에게는 사실상 의무와 같았다.

크렘린 요새
좀처럼 정보를 공개하지 않는 폐쇄성을
견고한 크렘린 성벽에 빗댄 '크렘린놀리지'라는 말이 생겼다.

그런데 〈프라우다〉가 보도한 관람자 명단에 스탈린 통치 시기의 비밀경찰 두목이면서 그 당시에도 여전히 막강한 권력자인 베리아가 빠져 있었다. 사람들은 이점을 별로 대수롭지 않게 여겼다. 그가 바쁜 업무 때문에 부득이 불참했거나 우연히 급한 사고가 생겨 나오지 않았으리라 여겼다. 변화에 동물적 감각을 지닌 기자들도 마찬가지였다. 〈뉴욕 포스트〉와 같은 미국계 신문 특파원은 '발레를 좋아하지 않는 베리아'라는 제목으로, 유럽의 몇몇 유력지는 '발레를 보기에는 너무 바쁜 베리아'라는 내용으로 보도했다.

그러나 이와는 달리 명단 보도를 심상치 않게 받아들이며 베리아 신상에 대해 비밀리에 알아보라고 제의한 사람이 있었다. 당시 소련주재 미국대사관의 젊은 외교관으로, 뒷날 프린스턴대학 교수가 되어 미국에서 소련학을 이끈 로버트 터커였다. 그의 제의에 따라 미국 정보요원들은 끈질기게 파고들어 마침내 베리아가 권력투쟁에서 패배해 이미 비밀리에 숙청됐음을 알아냈다. 그리고 얼마 뒤 베리아 처형이 사실상 공개됐고, 크렘린 내부에서 '보이지 않는 권력투쟁'이 뜨겁게 벌어지고 있음이 새삼 확인됐다.

그렇지만 정치국원들 사이에서 누가 앞서고 있는지는 여전히 알 수 없었다. 그러던 어느 날, 소련공산당 기관지 〈프라우다〉는 아무런 공식발표나 배경 설명 없이 '제1서기 흐루시초프'라는 표현을 쓰기 시작했다. 사람들은 이제 후계 경쟁이 완전히 정리되었다고 생각했다.

크렘린놀리지를 알고 있는 전문가들도 여기에 동조했지만, 두 가지 사실을 예민하게 유의하면서 아직은 체제가 확고히 정리되지 않았다고 분석했다. 첫째, 스탈린 칭호가 '제1서기'가 아니라 '총서기'였다는 점이었다. 명칭상으로 흐루시초프의 '제1서기'는 스탈린의 '총서기'보다 약해 보였다. 둘째, 흐루시초프에게 주어진 '제1서기'라는 칭호 머리글자가 소문자로 표기됐다는 점이었다. 뭔가를 강조할 때 소문자보다 대문자를 쓴다는 걸 감안하면 이해할만한 분석이었다.

이런 사실을 종합해 전문가들은 흐루시초프가 선두주자가 되기는 했지만, 권력 기반이 약하다고 판단했다. 그로부터 2년쯤 지나서 〈프라우다〉는 역시 아무런 공식발표나 배경 설명 없이 '제1서기'의 머리글자를 대문자로 쓰기 시작했다. 그것은 흐루시초프의 우위가 굳어졌음을 반영하는 일로 풀이됐다.

'크렘린놀리지(Kremlinknowledge)'란 직역하면 '크렘린 정보'이지만, 의역하면 '칭호나 문자로 권력 기반을 나타내는 소련의 독특한 암호문법'을 의미하는 말이다. 전문가들은 이러한 방식의 소련 독해법을 '크렘린놀리지', 곧 '크렘린적 접근법'이라고 부른다. 김일성 시대의 북한 독해법들 가운데 주요한 하나가 역시 크렘린놀리지적 분석이었다. 다시 말해 문서나 공식석상에 등장하는 칭호와 의전서열을 통해 권력 이동을 파악하는 방법이 곧 크렘린놀리지인 것이다.

암호의 구성원리

문장암호

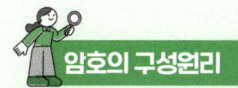

문장(文章)암호는 상대 의표를 찌르는 기법으로, 별 의미 없는 듯 보이는 문장에 실제 많은 의미를 담아 검열을 피한다. 예컨대, "나는 당신이 지난주에 식사를 같이 한 사람과 만났다", "헨리는 입원했다" 따위 아무렇지 않을 것 같은 문장에 "나는 지난주 귀하가 급파한 첩보원을 만나 새로운 임무를 부여받았다", "우리 첩보원 헨리가 체포되었다"라는 의미가 들어 있다.

이 방법은 암호가 처음 등장한 때부터 많이 사용됐고 여러 시대를 거치면서 발전을 거듭했다. 17세기 프랑스 암호 중에는 '정원'(로마를 뜻함), '장미'(로마 교황을 뜻함) 등도 있었음이 기록에 있으며, 현대에도 문장 전체가 아니라 몇몇 키워드만 교묘히 바꿔서 쓰고 있다. 문장암호는 자연스러운 문장 속에 미리 약정한 키워드를 집어넣는 비교적 단순한 구성원리를 갖고 있다.

난수표(亂數表) 암호

문제

5801 · 6601 · 8601

남북한 사이에 긴장감이 높았을 때, 정보당국이 고정간첩에 관한 첩보를 접수하고 즉각 출동하여 수사에 들어갔다. 하지만 용의자는 벌써 도망간 상태였고, 수사진은 현장에서 난수(亂數)가 적힌 종이 한 장과 국어사전을 발견하였다. 그 종이에는 위와 같은 숫자가 적혀 있었는데, 나중에 특정인 이름임을 알게 되었다. 접선 대상자 아니면 목표물이었을 그 이름은 다음 중 무엇일까? (단서는 국어사전에 있다.)

① 감강개

② 강효중

③ 김성찬

④ 구보다

난수표란 무엇인가

'난수표'는 0에서 9까지의 수를 무작위로 뽑아 완전히 무질서한, 동시에 전체적으로 출현빈도가 같도록 배열된 수표(數表)를 가리키는 말이다. 다시 말해 3548·4610·5570 등 4단위 혹은 12345·52948·20198 등 5단위의 숫자들이 가로 세로 5줄 또는 4줄씩 표처럼 배열되어 숫자들만 적힌 암호기법이다.

난수표는 1914년 제1차 세계대전이 개시되었을 때 러시아군에 의해 다표식(多表式) 숫자 암호로 처음 선보였다. 이 다표식 숫자 암호는 전달하려는 지령 원문을 여러 종류의 표에 나열된 숫자로 바꾸어 놓은 것으로 오늘날 세계 첩보 전쟁에서 활용되고 있는 난수표 암호 원형이라고 할만하다.

문자나 문장을 다른 문자·숫자·기호로만 바꾼 기본 형태 암호는 금방 풀릴 가능성이 높기에, 적국의 해독 시도를 어렵게 하고자 만들었다.

난수는 여러 가지 수열 공식에 따라 다양하게 만든다. 어떤 수에 어떤 글자가 해당한다는 지침서가 없이는 숫자만 보고 의미를 찾기란 거의 불가능하다. 예컨대, "지원 폭격을 제공하라"라는 명령은 37291로 전달될 수 있다. 분량이 많은 군사보고 등도 다섯 숫자 조합으로 송신될 수 있는데 이는 정확한 암호부와 대조할 수 있는 사람만이 이해할 수 있다.

난수표의 간단한 예를 살펴보자.

A 0 1 2 3 4 5 6 7 8 9

B 3 9 6 5 8 0 4 1 7 2

A열은 0에서 9까지 순서대로 늘어놓았고, B열은 무작위로 배열시켰다. 송신자가 3, 4, 9라는 (A열) 숫자를 무선으로 보내면, 수신자는 이 숫자에 해당하는 B열 숫자를 찾는다. 즉 메시지는 5, 8, 2다. 각 숫자에 해당하는 내용은 사전에 정해져 있다. 예를 들어, 5는 오늘, 8은 자정, 2는 공격이란 말로 약속돼 있다면, 수신자는 자정에 공격할 채비를 한다.

이처럼 난수표는 암호를 푸는 중요한 열쇠에 해당하므로, 수신자는 항상 난수표를 몸에 지니고 다녀야 한다. 영화에서 간첩을 잡을 때 난수표를 결정적인 증거물로 삼는 이유가 바로 여기에 있다.

현대 첩보 전쟁에서는 모든 첩보원이 난수표를 사용하고 있고 수신용·발신용 두 가지로 나뉘어 있기도 하다. 이때 난수표는 첩보원

개개인마다 다르게 제공된다.

난수표는 얇은 종이나 플라스틱, 필름 등에 인쇄하는데 도르르 말면 성냥개비 두어 개 정도 부피에 절반 정도 길이여서 옷깃이나 카메라, 담뱃갑 등에 숨기고 다니기 쉽다. 특히 손바닥에 들어가는 작은 책자로 만들어진 초소형 암호첩은 스파이들이 비밀지령을 해독하는 데 사용된다. 라디오로 송신된 암호지령은 암호첩 특정 페이지에 적힌 숫자 집단과 관련되어 있다. 일단 지령을 받아 해독이 끝나면 스파이와 명령전달자는 사용된 페이지를 암호첩에서 찢어 없앤다. 이러한 이유로 인해 소형암호첩은 '1회용 난수표'로 알려져 있다.

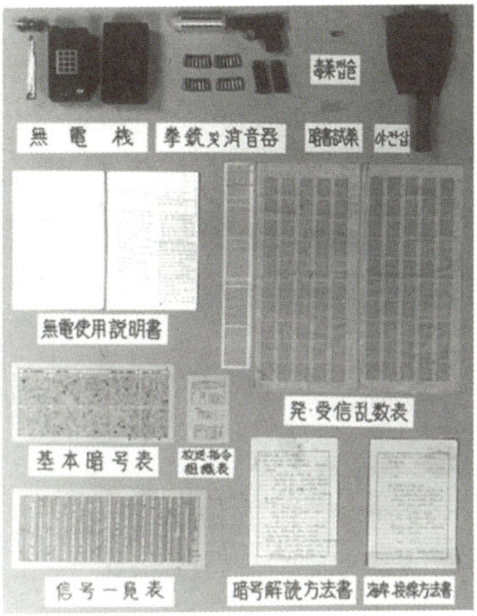

간첩 증거물

여러 증거물 중에 난수표가 보인다.

간첩이 밤에 방송을 듣는 이유

우리는 북한에서 남파한 간첩을 통해 난수표 존재를 익히 알고 있다. 사실 북한 공작원 문제는 어제오늘의 일이 아닌데, 변함없이 난

1970년대 간첩 식별 전단
밤 12시 이후 몰래 라디오를 듣는 사람을 신고하라는 내용이다.

수표가 사용되는 이유는 그 해독이 어렵기 때문이다.

또 간첩들은 날마다 한밤중에 방송을 청취한다. 낮보다 밤에 전파 수신이 용이한 까닭이다. 다시 말해 라디오파는 대기 상층부에서의 반사에 의해 진행하기에 낮보다 밤에 전송 조건이 더 좋다. 그런 점을 감안하여 1960~70년대 간첩식별 요령을 홍보하는 정부 유인물에는 이불을 뒤집어쓰고 몰래 라디오 듣는 사람의 모습이 그려졌다.

난수표와 관련한 대표적인 예로는 1994년의 한 사건을 들 수 있다. 당시 정보당국은 간첩으로 의심되는 용의자에 관한 첩보를 입수하고는 즉각 수사에 들어갔는데, 압수한 물품 중에서 《노동자 파업투쟁에 대한 평가》라는 문서를 보고 의아해했다. 왜냐하면, 그 문서에는 제목과 달리 뜻 모를 숫자만 잔뜩 나열되어 있었기 때문이다.

수사당국은 이 문건을 해독하기 위해 두 달 동안 밤샘 작업을 벌였으나 분석에 별다른 진전을 보지 못했다. 그러다가 수사진은 문득 이런 생각을 했다.

"이따금 긴 암호문은 사전이나 성경을 사용하곤 했는데 혹시 이

것도 그런 방법을 쓴 게 아닐까?"

"그래, 가능성 있는 이야기야."

수사당국은 즉각 국내 사전 50여 종을 펼쳐놓고 난수 해독을 시도했다. 사전을 암호 기준으로 사용했을 때 보통 뒤로부터 2자리는 해당 페이지 표제어 순번과 그 표제어 첫 글자를 뜻하고 뒤의 3~4자리 숫자는 해당 페이지를 나타낸다는 게 단서였다. 당국은 사전을 펴놓고 숫자를 찾아가며 문장이 되는지를 검토하는 지루한 작업을 수없이 반복한 끝에 암호 기준이 국내 M출판사에서 출간된 한일사전임을 알아냈다. 그러나 암호문은 여전히 풀기 어려웠다.

용의자가 숫자로 된 암호문을 컴퓨터 화면에 띄워놓고 종횡으로 순서를 뒤바꿔 놓았기 때문이다. 일단 암호 푸는 기준을 찾아냈지만, 또다시 숫자를 뒤흔들어 놓은 비밀코드를 찾아내야 했다. 당국은 이 열쇠를 풀기 위해 결국 컴퓨터 전문가인 해커들까지 동원해가며 수많은 시도를 한 끝에 코드를 찾아냈다.

그 결과 처음에는 모르고 있던 이 조직의 명칭도 암호문 해독을 통해 확인됐다. 여러 문서에 자주 등장한 '21106', '22711', '161102', '143431'이라는 숫자가 '구국전위'를 뜻한다는 사실이 드러난 것이다. 한반도가 분단됐기에 일어난 이 사건은 그렇게 난수표 해독으로 해결되었다.

암호의 구성원리

난수표 암호

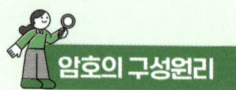

'난수표(亂數表)'는 0에서 9까지의 숫자를 무작위로 배열한 수표(數表)를 말한다. 해독하는 입장에서 숫자가 어지럽고(亂數), 풀려면 반드시 수표가 있어야 하는 까닭이다.

난수표를 만드는 방법은 대략 다음과 같다.

- 첫 숫자를 선택하고 가로·세로 혹은 대각선 특정 방향으로 숫자를 배열한다.
- 수표 사용 편리를 위해, 숫자를 2자리 또는 4자리씩 끊어서 작성한다.

국어사전을 수표로 이용할 경우, 난수표를 만드는 방법은 다음과 같다.(키워드: 가감)

- 첫 글자를 만들 때, 페이지와 배열순서를 4자리 숫자로 나타낸다.

예컨대, 키워드 중 '가'는 2301이다.(23페이지 첫 번째 순번 글자)

- 다음 글자 '감'을 같은 원리에 따라 숫자로 표기한다.(감 → 5116)
- 이렇게 만든 숫자를 4자리 단위로 간격을 두고 표기한다.(2301·5116)

해독자는 정해진 국어사전을 두고 해당 페이지와 표제어 순번을 찾으면 키워드가 '가감'임을 알 수 있게 된다.

이밖에도 페이지를 세 단위로 정하고 표제어의 두 번째 글자를 순번으로 정하거나, 페이지·표제어 순번 앞에 글자 조합 순서번호를 더할 수도 있는 등 난수표 이용 암호는 구성방법이 매우 다양하다.

한편, 위와 같은 방법에 따르면, 본문 서두에 출제된 문제의 정답은 ①번(감강개)이다.

(암호문 출제할 때 수표로 이용한 사전: 금성출판사판 그랜드 국어사전)

그들만의 언어, 은어(隱語)

문제

글빡 큰 옴돌쟁이가 석부한다.

위 문장은 조선시대 말엽부터 20세기 중엽에 이르기까지 남사당패들이 쓰던 은어를 사용해 만든 말인데, 다음 중 무슨 뜻일까?

① 글 좀 배운 양반이 앉아있다.

② 가슴 큰 아줌마가 유혹한다.

③ 머리 큰 노름꾼이 거짓말한다.

④ 혹 큰 할아버지가 성질낸다.

남사당패 은어

'은어(隱語)'란 어떤 동아리 사람들이 본뜻을 숨긴 채 자기들끼리만 알고 남이 모르도록 만들어 쓰는 말이다. '특수용어·은어'라는 뜻의 영어단어 'jargon(자건)'도 본래 프랑스 범법자들이 자기네 대화 내용을, 법을 준수하는 사람들이 알아듣지 못하도록 사용한 은어를 의미했다. 은어는 비밀을 유지하기 위해 만들어진 말이므로 어느 정도 암호 성격을 띤다. 정상적인 문장에서 특정 단어만 바꿔 사용하므로 문장암호 혹은 눌 암호의 일종이라 볼 수도 있다.

은어는 일반적으로 경찰조직 혹은 범죄집단에서 많이 쓴다. 조선시대에 포도청 포졸들이 '아들'을 '욱이', '아비'를 '수어살이', '어미'를 '튀어살이'라고 한 것이나 현대사회에서 범죄자들이 '형사'를 '짭새'라고 하는 것 따위가 이에 해당한다.

그런가 하면 상인들 사이에도 은어가 많이 쓰인다. 조선 시대 신발 상인들은 하나에서 여덟까지를 시두·미두·반상옥·상미두·번·옥상·건너·양숭이라고 세었으며, 예전 동대문시장 일부 피복 상인들은 하나에서 열까지를 야리·후리·갓지·다마·대부·미스·오기·앗다·아부다이·야리라라고 센다고 한다.

여러 집단 중에서 특히 은어를 많이 쓴 집단은 유랑패였다. 이미 삼국시대 이전에 민중 취향 떠돌이 놀이집단이 생겼고, 이 집단들은 부족 이동을 따라 같이 유랑하는 예능인 무리를 이루었으며, 각 부

흥 돋우며 돈 받는 사당패
여기저기 떠돌아다니며
그들만의 언어를 사용하였다.

족이 한곳에 정착한 이후에도 계속 여기저기 떠돌며 전문적인 예능인 집단으로 발전했다. 이들은 다양한 구경거리를 제공하며 밥벌이를 하였는데, (여)사당패·남사당패·걸립패·각설이패·광대패·애기장사 등이 특히 인기를 끌었다. 예컨대, 사당패가 장기로 삼은 묘기는 무동타기였다. '무동'이란 사당패를 따라다니며 춤추거나 노래하는 아이를 말하며, 이들이 2단 또는 3단으로 올라서는 일을 '무동타기'라 했다.

이들 유랑 집단은 상놈들로 구성되었기에 양민을 즐겁게 해주면서도 천대받기 일쑤였다. 놀이마당을 펼치려면 사전에 마을 사람들

승낙을 얻어야 했고, 그나마 동네 한가운데가 아니라 변두리에서 공연했다.

그러다 보니 자신들만 아는 은어를 쓰면서 그들 나름대로 심리적 압박감을 풀었으며, 또한 자신들 재주에 관하여 비밀을 지키는 수단으로 은어를 사용했다. 남사당패들은 은어를 '변'이라고 했는데, 근대부터 1950년대까지 남사당패가 사용한 은어는 대략 다음과 같다.

신체 부위		음식		기타 용어	
머리	글빡	음식	서금	춤	발림
눈	저울	밥	서삼	노름꾼	옴돌쟁이
코	홍대	떡	시럭	나쁜 놈	거실한 놈
입	서삼집	고기	사지	바보	여디
젖	육통	소고기	울자사지	필요 없는 사람	구정살
손	육갑	돼지고기	냉갈이사지	형사(경찰)	바리
발	디딤	국수	수국	양반	철지
항문	구멍똥	술	탈이	기생	생짜
남자 성기	작숭이	담배	배담	가짜·거짓말	석부
여자 성기	뽁 또는 엿	달걀	춘이알	목소리	설주

위 은어표에 따르면 본문 서두에 출제된 문제의 정답은 ③번이다.

청소년들의 은어

현대사회에서 은어를 많이 쓰는 집단은 청소년들이다. 우리 교육구조가 획일화·규제화 되어있는 까닭에 통제를 벗어나고픈 욕구가 학생들로 하여금 나름대로의 은어를 생산하게끔 만드는 것이다. 다시 말해 학생들은 교사의 감시를 벗어나 술·담배 따위 금지된 일을 할 때, 또 교사에 대해 언급할 때 '수소탄'·'불과자'·'경계경보(선생님이 온다)'처럼 은어를 사용함으로써 그들만의 비밀을 지키려 한다.

청소년 은어의 경우 일반적으로 남학생은 단순·비범한 직선적 단어를, 여학생은 풍자·유머가 있는 완곡한 은어를 사용하는 경향이 있다. 이러한 은어 사용은 시대에 따라 약간의 차이가 있을지언정 학교 교육이 시작된 이래 지금까지 이어지고 있는데, 1979년 한 고교 교사가 남녀 고교생 2천 명을 대상으로 조사한 은어는 대략 다음과 같다.

이성		이성 교제		기타 용어	
공부하지 않고 놀기 좋아하는 남학생	덩돌이	전화하면 즉시 나오는 이성 친구	트랜지스터	모든 걸 아는 체 하는 사람	암스트롱
남학생	바지씨	삼각관계	누가봐 데이트	건망증이 심함	참새대가리
공장에서 일하는 남자	공돌이	여학생이 남학생을 만나러 가다	꽃잎 달다	수다스럽다	이빨에 땀나겠다
여자 친구	갈치	속도 빠른 교제	달나라 교제	책가방	고생보따리
남자 친구	꽁치	심심풀이 교제	땅콩	텔레비전	그림상자
애인	까이	두 번째 애인	보조카드	극장(劇場)	검은 도서실
추녀(醜女)	가을여자	교제를 거절당하다	딱지맞다	방귀	히프송
추남(醜男)	가을남자	애인이 없다	발이 시리다	전화	번개딸딸이
육체파 여자	육칠팔	동거생활	속도위반	모자	뚜껑
거짓말 잘하는 여학생	평순이	데이트중매쟁이	청춘복덕방	쓰레기통	통기레쓰

당시는 이성 교제가 엄격히 규제된 때였던 탓에 이성에 대한 은어가 많이 사용됐음을 알 수 있다. 또한 주로 음운(音韻)·모양·행태 이미지를 응용하여 은어를 생산했음을 알 수 있다.

21세기에 들어서도 청소년사회에서는 은어가 난무하고 있다. 당근(당연히)·졸라(대단히)·까우(멋)·사발(거짓말)·짝퉁(가짜)·쪼가리(이성 친구) 등등 기성세대가 알아듣기 어려운 말들이 광범위하게 사용되고 있다. 옛날과 다른 점은 인터넷을 통하여 빠르게 전달되고 변화한다는 사실이다.

현대 청소년 은어 예

2000년 전후 청소년 은어		2020년대 청소년 은어	
건수올리다	여자 사귀다	갑통알	갑자기 통장 보니 알바 해야 함
깔(=깔다구)	여자 애인	고답이	고구마 먹은 것처럼 답답한 사람
까대다	대들다	꾸안꾸	꾸민 듯 안 꾸민 듯
꼬댕이	공부 못하고 놀지도 못하는 아이	나일리지	나이를 앞세워 대우 바라는 사람 행동
꼬불치다	감추다	댓망진창	댓글이 논리 없고 엉망진창
대따(=디따)	엄청, 최고	무지개매너	(무지+개매너) 매너가 매우 없음
따가리	라이터	복세편살	복잡한 세상 편하게 살자
말밥이지	당연하지(말밥=당근)	뽀시래기	작고 귀여움
민짜	미성년자	솔까말	솔직히 까놓고 말해서
빽갈이	백댄서	안물안궁	안 물어봤고 안 궁금하다
삐꾸	멍청한 사람	애빼시	애교 빼면 시체
생까다	완전히 헤어지다, 외면하다	자만추	자연스러운 만남을 추구
식후땡	밥 먹은 뒤에 피는 담배	졌잘싸	졌지만 잘 싸웠다
야려보다	노려보다, 반항하다	지못미	지켜주지 못해서 미안
찐빠	바보, 약간 모자라는 사람	파덜어택	게임하다 아버지에게 들켜 혼났음

은어는 눌린 사람들의 답답함을 해소해준다는 점에서 어느 정도 순기능이 있음을 부정할 수 없다.

하지만 언어 본질을 파괴하는 역기능이 더 크다는 점을 감안하면 은어 사용은 바람직하지 않다. 더군다나 은어 대부분이 일시적 재미보다는 불량(不良) 동질감을 바탕으로 생산되고 있음을 생각하면 더욱 그렇다. 그러므로 은어는 정상적 언어관습을 해치지 않는 범위 내에서 일시적으로 사용되어야 할 것이다.

암호의 구성원리

코드 암호

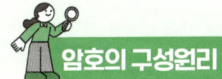

코드(code) 암호는 키워드를 다른 말로 바꾸는 은어(隱語) 기법이다. 쉽게 말해 '코드'는 어구암호(語句暗號)로서 단어를 다른 단어로 대체하여 뜻을 숨기는 방식이다.

코드, 즉 은어를 만드는 가장 초보적인 방법은 음절을 뒤바꾸는 것이다. 예컨대, '가짜'를 '짜가'라고 한다거나, '담배'를 '배담'으로 바꾸는 것이다.

두 번째 방법은 모양이나 행태적 특성을 감안한 것이다. 공부 잘하는 학생보고 '가방 끈 길다'라고 하거나 방귀 뀐 사람에게 '쌍바위골 비명을 들었다'고 표현하는 게 그 예다.

세 번째 방법은 전혀 엉뚱한 단어로 은어를 만드는 것이다. 다른 사람들이 전혀 짐작하지 못하게 하려는 마음이 강할 때 이런 방법으로 만드는데, 은어가 많을 경우 코드북이 필요하다.

주민등록번호와 신용카드번호의 비밀

문제

380216-3066517

주민등록증은 1962년 5월 10일 제정된 주민등록법에 의하여 그 주소지 시장·군수 또는 구청장이 관할구역 안에 주민등록이 된 자 가운데 17세 이상 사람에게 발급하는 신분증이다. 시민증과 도민증으로 발급되다가 1968년 11월 21일부터 현재의 주민등록증이 발급되기 시작했다.

박정희 전(前)대통령 내외의 경우 110101-100001, 110101-200002라는 번호를 받았다. 이 열두 단위 번호에서 앞의 여섯 단위는 지역, 뒤의 여섯 단위는 거주세대 및 개인번호를 나타내는 것이었다. 이러한 체계는 1975년 앞의 여섯 단위가 생년월일로 바뀌고 뒤에 한 단위가 덧붙여져 일곱 단위로 바뀌는 등 부분적 변화를 거쳐 오늘에 이르고 있다.

그런데 주민등록번호에는 나름의 검사수(檢査數)가 숨어 있어서 위조번호 여부를 식별하게 해준다. 그렇다면 위에 제시된 주민등록번호는 가짜일까 진짜일까?

① 가짜

② 진짜

주민등록번호의 비밀

주지하다시피 13자리로 구성된 주민등록번호의 경우 앞 6자리는 생년월일을 가리키고, 뒤 7자리는 여러 개인정보를 의미한다. 뒤 7자리를 자세히 살펴보면 다음과 같다.

첫 번째 숫자는 성별을 나타낸다. 남자는 1 혹은 3, 여자는 2 혹은 4이며, 1800년대에 태어난 고령자의 경우 남자는 9, 여자는 0이다. 또한 1900년대에 출생한 남자는 1, 여자는 2이고, 2000년대에 태어난 남자는 3, 여자는 4인데, 이는 100년 단위로 번호를 교체하는 데서 비롯된 일이다. (문제 정답 ①)

다음 두 번째부터 다섯 번째까지 4자리 숫자는 주민등록을 신청하는 관할관청 지역번호이다. 다시 말해 고향이 아니라 출생신고 지역을 의미한다. 따라서 부모 자식 사이라 하더라도 출생 이전에 이사했다면 이 번호가 다르다.

여섯 번째 숫자는 주민등록 신고 순서대로 매겨지는 일련번호이다. 신고 당일 관할관청에 몇 번째로 접수됐는지 표기한 것이다. 만약 3이라면 그날 세 번째로 접수했음을 의미한다.

그리고 마지막 숫자는 검증번호 혹은 검사수라고 하는데, 이는 앞에 표기된 숫자들이 정상적으로 조합됐는지 확인하는 일종의 암호이다. 보다 구체적으로 말해, 생년월일을 포함해서 앞 12개 숫자를 특정한 공식에 대입해서 올바른지 어긋났는지 점검하는 것이다. 검증번호가 공식에 맞지 않는 숫자일 경우, 주민등록번호를 등록하는 사이트에서 엉터리 주민등록번호를 입력하면 '그런 번호는 없습니다'라는 거부 안내문이 나온다.

주민등록번호 계산 공식은 다음과 같다.

주민등록번호 맨 뒷자리를 제외한 각 자릿수 숫자들에 각각 지정된 숫자들을 곱해서, 이 결과를 더한다. (n1 + n2 + n3 + …… + n12 = N). 더한 값(N)을 11로 나눈 다음, 그 나머지를 11에서 뺀 수가 주민등록번호 마지막 자릿수와 일치하면 정상적인 주민등록번호이다. 11 - (N % 11) = 마지막 자릿수. N의 값이 11로 나눠떨어지거나 나머지가 1이라면 그 값은 10 또는 11이 되는데, 마지막 자릿수는 1자리이므로 위 식을 다시 한번 10으로 나눠 그 나머지를 취한다. 따라서 위 공식을 최종적으로 이렇게 수정해야 한다. (11 - (N % 11)) % 10 = 마지막 자릿수.

신용카드번호에 숨은 검증번호

요즘 성인 중에 신용카드 없는 사람 드물 정도이지만 신용카드 역사는 그리 오래되지 않았다. 1949년 어느 날 미국인 사업가 프랭크 맥나마라는 뉴욕의 한 레스토랑에서 저녁 식사를 마치고 계산하는 과정에서 곤란을 겪었다. 그는 지갑을 호텔에 두고 왔음을 뒤늦게 깨닫고 그 사정을 말했지만, 종업원이 믿지 않았다. 얼마 후 맥나마라는 자기뿐만 아니라 주변 사람들 중에도 그런 경험을 가진 이가 의외로 많다는 사실을 알게 됐고, 그에 착안하여 친구인 변호사 랄프 슈나이더와 함께 1950년 세계 최초로 신용카드를 만들었다.

그 이름 다이너스클럽 카드(Diners club card)는 '저녁 먹는 사람(diner)'에 '회원제'를 뜻하는 영어단어 '클럽(club)'를 합해 만든 말로서 그야말로 저녁 먹는 사람들을 위한 신용카드였다. 초기에는 회원 200명과 가맹점 14개로 출발했으나 편리함이 알려지면서 이용자가 빠르게 늘었고, 경쟁 신용카드도 많이 생기기에 이르렀다.

우리나라의 경우 1969년 신세계백화점이 고객에게 외상 구매가 가능한 백화점카드를 처음 발급했으며, 현재와 같은 금융 기능을 겸한 신용카드는 1978년 한국외환은행이 비자 인터내셔널과 제휴하여 외환비자카드라는 이름으로 처음 발급했다.

한편 신용카드를 이용한 사기가 발생함에 따라 신용카드에도 검증번호(검사수)가 도입됐는데 그 구성원리는 대략 이러하다.

기본적으로 카드번호는 총 16자리이다. 앞에서부터 4자리까지는 신용카드 브랜드, 5~6자리는 관련 금융기관 번호, 7~15자리는 신용카드 발급순서를 표시한 일련번호이고, 마지막 16자리가 위조 방지용으로 쓰이는 검사수이다. 대체로 검사수를 뺀, 앞의 15자리 숫자를 일정한 공식으로 계산한 다음, 최종적으로 나온 한 자리 숫자가 10의 배수가 맞는지 점검한다.

이외에도 은행 계좌번호나 상품 바코드 등에도 검사수가 활용되고 있으며, 그 방법이 갈수록 복잡해지고 있다. 범죄자와의 두뇌 싸움에는 끝이 없는 까닭이다.

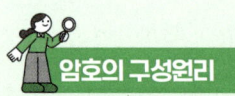

암호의 구성원리

검사수(檢査數)

주민등록번호·신용카드번호·은행 계좌번호 등에 표기된 숫자들이 정상적으로 조합됐는지 확인하는 일종의 암호로서, 대개 끝자리에 위치한다. 앞의 숫자들을 일정 공식에 따라 차례로 계산한 다음, 마지막으로 비교하여 점검하기 위함이다. 검증을 위한 숫자이기에 '검증번호'라고도 한다.
예컨대 주민등록번호의 경우, 아래 오류검증 연산법에 의해 계산한 다음 마지막 자리에 있는 숫자의 10의 배수인지 확인하면 된다. 10의 배수가 아니라면 가짜라는 뜻이다.

현대 암호

공개키 암호와 암호화폐 등장

암호(暗號)는 문자 그대로 풀이하면 어두운 곳에서 부르는 소리를 이르는 말이다. 컴컴한 상태에서 누구인지 점검하는 말이 암호인 것이다. 이런 경우 비밀을 유지하고자 당사자끼리만 알 수 있도록 약속된 낱말을 통해 서로를 확인한다.

20세기까지만 해도 사전에 정한 기호나 부호를 가리키는 고대암호가 주류를 이뤘으나 제1차, 2차 세계대전을 거치면서 복잡한 기계장치와 전자장치를 이용한 근대암호가 등장했다.

그리고 1970년대 들어 컴퓨터를 이용한 현대암호가 탄생했다. 1976년 스탠퍼드 대학의 디피(Diffie)와 헬만(Hellman)은 '암호의 새로운 방향(New Directions in Cryptography)'이라는 논문에서 공개키 암호 개념을 발표했는데, 이는 송신자와 수신자 쌍방이 비밀키를 공유할 필요가 없는 획기적인 방법이었다.

이와 더불어 컴퓨터 통신망을 이용한 문서 전송과 전자자금이체 등이 활발해졌으며, 고급 수학 이론을 적극 활용한 암호가 빠르게 발전했다. 현대암호의 특징은 '공개키'에 있으며, 또한 암호 알고리즘을 공개하도록 하고 있다. 알고리즘은 어떤 문제를 해결하기 위해 정해진 일련의 절차를 이르는 말인데, 공개키 암호 방식에서는 공개키와 비밀키를 동시에 생성해 암호화에 사용되는 공개키는 공개하고, 복호화에 사용되는 비밀키는 사용자가 안전하게 보관한다.

암호 알고리즘을 감춘다고 해서 현대암호의 보안성이 높아지지 않을 뿐만 아니라 암호 알고리즘이 공개되면 그 안전성에 문제가 발견되는 사례가 많기에, 공개적으로 검토하고 확인하는 것이다.

2000년대에 들어서는 암호화폐가 등장해 기존 화폐제도에 충격을 안겨주었다. 암호화폐는 공개키 암호화를 통해 안전하게 전송하고, 해시 함수를 이용해 쉽게 소유권을 증명해 낼 수 있는 가상의 디지털 자산이다. 암호화폐는 여러 컴퓨터가 하나의 원장을 공유하는 분산원장을 통해 동일성을 보장한다.

2008년 10월 31일에 공개된 논문 '비트코인: 순수한 개인 간 전자

화폐시스템(Bitcoin: A Peer-to-Peer Electronic Cash System)'을 바탕으로 2009년 1월 3일에 첫 블록이 만들어졌으니, 최초의 암호화폐 비트코인이다. 사실 화폐를 암호화하는 공식은 1983년 미국인 컴퓨터 과학자 데이비드 리 차움이 개발했으나 실제 활용까지 나가지 못했고, 이후 몇 사람의 추가 시도를 거쳐 사토시 나카모토가 최초의 화폐시스템을 만든 것이다.

암호화폐를 제도권의 정식 화폐로 받아들일 지에 대해서는 나라마다 차이가 있지만, 공개키 암호가 낳은 독특한 산물임에는 분명하다.

예전에 암호가 특정 계층 전문가들의 군사용이나 첩보용으로 많이 쓰였다면, 현대에는 활용하는 방향으로 변화하고 있으며, 앞으로도 암호는 고급 지식과 기술을 통해 인류의 편리한 생활에 도움되는 방향으로 사용될 것임에 분명하다.

알면 더 재밌는 암호의 세계

고대부터 현대까지 역사를 뒤흔든 암호의 모든 것

초판 1쇄 발행 2025년 5월 1일

지은이 박영수

기획 김민호 | **편집** 김민기 | **디자인** 이선영
종이 다올페이퍼 | **제작** 명지북프린팅

펴낸곳 초봄책방
출판등록 제2022-000040호
주소 경기도 파주시 가온로 205, 717-703
전화 070-8860-0824 | **팩스** 031-624-8894
이메일 chobombooks@hanmail.net
인스타그램 @paperback_chobom

ISBN 979-11-985030-9-1 (03900)